人生を変える「本当の感謝」

心の奥底にある本当の自分を引き出す方法

SHINGA

山田俊明 著
一般社団法人 SIA 心のゼロ経営プロジェクト代表理事

佐藤康行 監修
心の学校グループ創始者

自由国民社

はじめに

この本をご覧いただきありがとうございます。

あなたはいま、何がしかの人間関係に悩んでこの本を手にとっているかと思います。

夫婦など男女の関係、両親・兄弟・親族・親戚との関係、ビジネスの取引先や顧客との関係、会社の上司・同僚・部下との関係、友人との関係など、**人間関係は日常のすべての問題につながっています。**

当然、これらの関係がうまくいってないと、日常を有意義に過ごすことができません。

なぜなら、多くの人がうつになったり、悩んだり、ストレスを感じたりするのは、ほとんど人間関係が原因だからです。そこには**自分自身との関係も含まれます。**

一方で人間関係というのは一度こじれてしまったり、苦手意識を持ってしまったりするとなかなか解消することが難しいのも現実です。

それらの関係を改善させるため、本書では「感謝すること」にフォーカスして、お伝えすることにしました。

「本当の感謝」があらゆる人間関係を良好にする

難しくがんじがらめになった問題を解くためにはシンプルな方法がベストです。

すでに「感謝」に関する本は数多く出版されていますが、この本ではさらに一歩踏み込んで、**「心からの感謝」**（**本当の感謝**）といういままでにないアプローチから人間関係の改善をしていくという方法をとっています。

あなたは現在、苦境に立たされているでしょうか。

例えば、「担当のプロジェクトがうまく進まない」「リストラに遭ってしまい、めげそうだ」「恋人に振られてしまった」「来年から収入が下がりそう」「夫婦関係が危うい」「体の調子が良くない」など、人生の岐路に立たされている状況にありますか？

そのようなときにこそ、実は本当の感謝ということが生きてきます。つまり**「感謝する」ということは、どのような問題にも向き合える最高の行為**なのです。

ただ、この本は単に「感謝の言葉を伝えて人間関係を良くしよう」という、いわゆるコミュニケーション能力向上のためのノウハウ集やテクニック書ではありません。

では、具体的にどういったことをすればいいのか？

本書では、**「真我（SHINGA）」という、あなたを含めすべての人の心の奥底にある「本**

当の自分」を引き出すという方法をベースにお伝えしていきたいと思います。

その前に、私のことを少しお話させてください。

私の人生を大きく好転させた「真我」

おそらく、読者の多くが真我って何？　と最初に思われるでしょう。

短く簡単にいうと、人間の潜在意識のさらに奥にある「本当の自分」と定義されます。

まずは、私の体験談をお伝えします。

私の父は、私が34歳のときに急性心不全で突然亡くなりました。74歳でした。前日まで、本当にどこも異常なく暮らしていたので、まさに晴天の霹靂でした。

ただ、正直に言います。

父は子供の頃から厳しかったので、私としては、それほど仲が良い関係だという思いはありませんでした。

ですので、亡くなったあともショックではありましたが、どちらかというと残された母のことが心配で、あまり悲しいという感情はありませんでした。

ところが、葬儀が終わり、火葬場にいく最後のお別れの時のことです。棺桶の中の父の顔を改めて覗きました。寝ているようにしか見えませんでしたが、その時、「小さい頃キャッチボールした思い出」がふと蘇り、涙が止まらなくなりました。

当時の私は、人前では絶対泣かない男でした。ですから、必死で涙を止めようとしましたが、どうしても止まらないのです。その時は、なぜかわかりませんでした。

ですが、いま振り返ると、その理由がはっきりわかります。

父との別れが悲しかったから？　もちろんそれもあるのですが、根本は違います。

なぜ、自分の意思に反して涙があふれたのか？

それは、無意識のうちに父からの愛を心の底で感じて、その愛に心から感謝したからなのです。そして「その無償の愛に気がつかずごめんなさい」という贖罪の心が生まれたからなのです。

その頭や理屈ではない、本当の感謝を感じた時の自然と湧き出た心の状態が真我であり、「本当の自分」です。

読者の中には、肉親を亡くし同じような体験をしたことがある方も多いと思いますし、親が亡くなって泣くのは当たり前だろ、と思う方もいるかもしれません。

そう、当たり前なんです。ですから**「真我＝本当の自分」はこの世の誰にも例外なく、心の底に存在しています。**

ですが、**重要なことは、ほとんどの人がそれに気がつかず、また日常生活や仕事の中で実践していないということです。**かつての私もそうでした。

私は父が亡くなって初めて、父の本当の愛がわかり、心から感謝できるようになりました。ですが、いま振り返れば、父が生きている時にその感謝を直接伝えればよかった、と悔やんでいます。

親が亡くなってからではなく、生きているうちに本当の感謝を伝える、それがいかに大切なことか、40歳近くになるまで気がつきませんでした。

世界的な経営者や著名な科学者も実践している「真我」

真我という言葉自体は、もともと古代インド発祥の宗教から派生した用語のため、どうしても宗教的なものと誤解されがちですが、実は、これまで著名な科学者や経営者達が、人生や経営で最も大切なもの＝「真我」とはっきり明言されています。

例えば、遺伝子の世界的権威でノーベル賞候補にもなられた、筑波大学名誉教授の村上和雄先生は、真我は一人ひとりの体内で動いている**「サムシング・グレート（偉大なる何か）」**と表現し、人間の遺伝子スイッチをＯＮにするには、真我を体感することが重要と言われています。

実業界では、京セラ創業者で、ＪＡＬ（日本航空）名誉会長などを務められた稲盛和夫さんが、著書の中で、このように述べています。

「真我とは、その仏性そのもの、宇宙を宇宙たらしめている叡智そのものです。すべての物事の本質、万物の真理を意味してもいる。それが、私たちの心のまん中にも存在しているのです。」（『生き方』（サンマーク出版　２００７年3月1日発行）２３４ページより）

さらには、表現こそ異なりますが、アップル創業者の故スティーブ・ジョブズ氏もこう述べています。

「ほとんどすべてのものは死と向き合うことと消え去る。そして本当に大切なものだけを残してくれるんだ」

ただ、こうしてみると、なんか真我って、すごそうだけど、大成功した偉い人しか、実践できないのでは？　と思われたかもしれません。

私も、以前は同じように考えていました。

ですが、**いまや誰でも真我を引き出し、実践できるようになったのです。**

その真我を世界で初めて、我々一般の人でも体得できる方法を開発したのが、「心の学校グループ」創始者であり、ＹＳこころのクリニック創立者、そしてこの本の監修者でもある佐藤康行先生です。

佐藤先生は、もともと起業家・経営者で、その後「ステーキのくいしんぼ」を創業し、「立ち食いステーキ」を世界で初めて発案、全国70店舗、従業員２０００人、年商50億以上まで拡大させた実績がある、ビジネスでも大成功された方です。

しかし、会社の業績も最高潮だったある時、佐藤先生は、「自分の使命は本当にレストラン経営なのか」という大きな心の壁にぶち当たり、それまでに経験したことのない、八方塞りの精神状態に追い込まれます。

三日三晩、もがき苦しみ、極限のところまで行った瞬間、ふと心のドアがパタパタと開き始め、佐藤先生自身の真我が開き、その瞬間に世の中のすべての真理が見えるようになったそうです。

そして、自分の本当の役割はレストラン経営ではなく、**人々を本当の自分である真我に目覚めるお手伝いをすること**とはっきり自覚します。いまから30年以上前のことです。

その体験をきっかけに生み出されたのが「真我開発法」で、**これまでですでに43万人以上の方が受講し、多くの方が人生を大きく好転**させています。

著者の私もその一人です。

私がこの真我を知ったのは、当時勤めていたベンチャー企業の業績悪化でリストラにあった時です。

この時の年齢は39歳。

この頃、収入が減少し、将来への不安から少しうつ状態になっていましたが、さらに当時つき合っていた女性に突然振られたことでダブルショックとなり、生まれて初めて精神科に行きました。診断は「抑うつ状態」。医者からはしばらくの間休養を勧められ、抗うつ薬と睡眠薬を渡されました。

数か月経っても改善の傾向が見えない中、たまたまネット上で佐藤先生の「真我開発講座」を知り、藁をも掴む気持ちで受講したところ、たった数日で寛解（かんかい）したのです。つまり抗うつ薬が不要になったのです。

その後、やる気を取り戻した私は、いまの会社を起業し、小さいながらも10年以上事業を継続することができ、多くのお客様や取引先様に恵まれ、おかげさまで安定した経営を続けています。

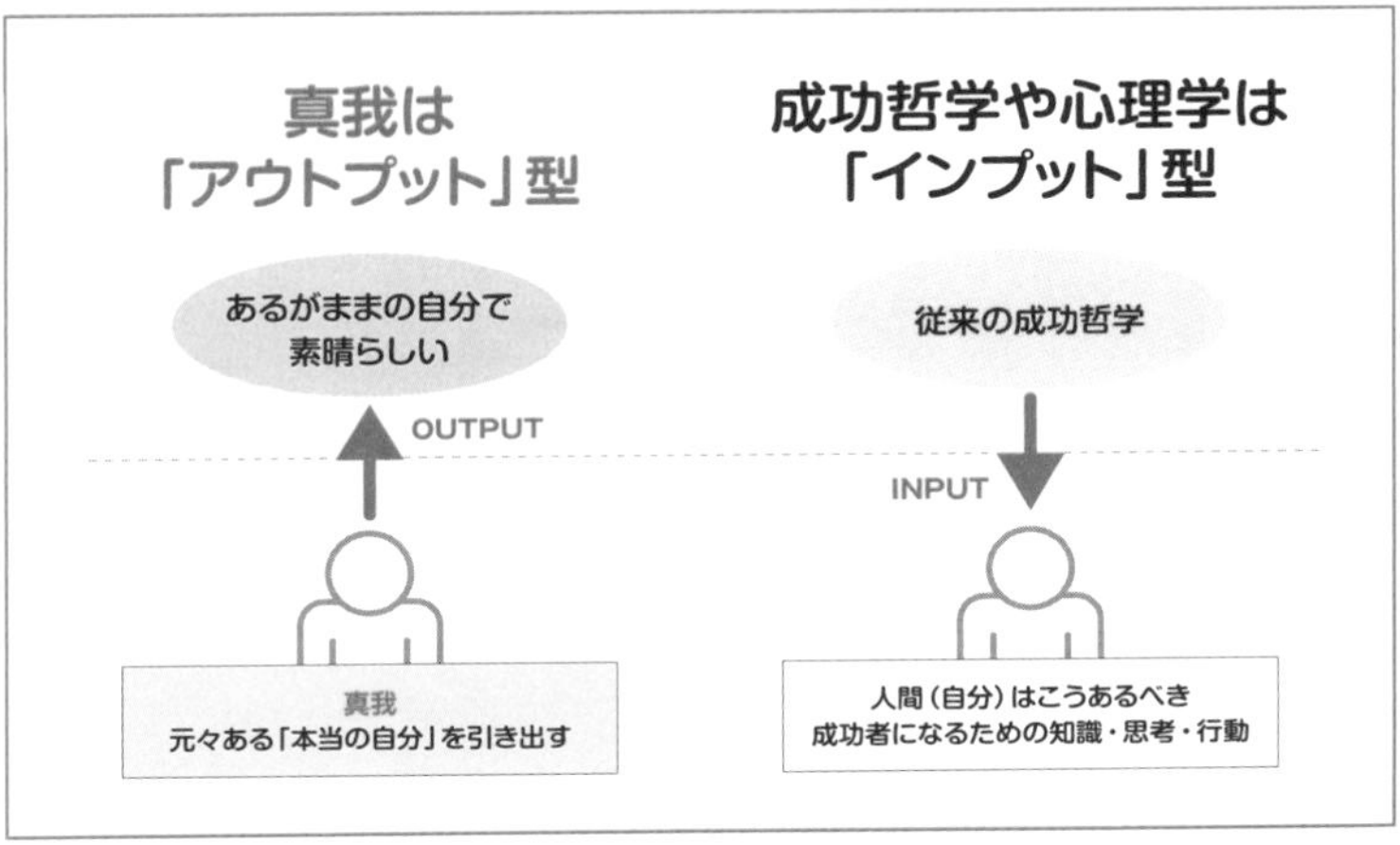

そこには、もちろん、戦略やノウハウなどの物理的な要因もありますが、**この真我との出会いがあったからこそ、いまの自分と会社があると確信しています。**

真我は、いわゆる宗教やスピリチュアルとは分野が異なり、成功哲学や心理学とも異なります。

そうした、従来の成功哲学や心理学・精神世界とは異なる、全く新しい概念です。なぜなら、アプローチが全く逆だからです。

これまでの成功哲学や心理学は、まずは「頭」でインプットして、それを理解して、行動や実践に移すというアプローチです。

それに対して、**真我は、頭からインプットするのではなく、心の奥に在る「本当の自分」を引き出す＝アウトプットする**という、これまでの成功哲学とは全く逆の方法です。

真我とは、あなたの心の一番奥にある「本当の自分」

真我とは「本当の自分」です。そして本当の自分を引き出すと、心の底から**本当の感謝**が自然と沸きあがってきます。

真我を体感し、それを日常生活で実践すると一体どうなるのか？　その事例をほんの一部ご紹介します。

【起業・経営】

・倒産寸前の会社が黒字回復し増収増益・優良企業へ変身
・リストラされて起業したが、会社員時代より年収が3倍アップ
・九州の小さなラーメン屋が、世界的なラーメンチェーン店へ発展

【家族・人間関係】

・離婚寸前の夫婦が新婚時代のように仲良くなった
・子供の引きこもりや不登校が解消

・苦手な上司との関係が改善、社内でパワハラがなくなった
・13年間繰り広げた遺産相続争いが一瞬で円満解決

【健康・病気】
・寛解率30％と宣告された悪性リンパ腫のガン細胞が5か月ですべて消えた
・17年間盲目だった80歳の老人が、突然目が見えるようになった
・30年に及ぶうつ病・神経痛が、80日で完全寛解（その後再発なし）

ここに掲載されたものの他にも、驚くような体験談が日々報告されています。これだけ見ると、にわかには信じられない部分があるかもしれませんが、すべて事実です。

この本は、必ずあなたにも在る真我（本当の自分）を引き出して、それを日常生活や仕事で生かし、あらゆる人間関係を改善し、素晴らしい人生を送っていただくための具体的な方法をお伝えするためのリアルな実践書なのです。

できれば、この本は何度も繰り返し読んでください。

そして、ぜひ一度この本の通りに実践してみてください。真我を引き出し、本当の感謝を体感することで、これまでに味わったことのない最高の人生を送ることが可能になります。なぜ、そこまで言い切れるのか？

正直に告白します。私は以前、「煩悩の塊（ぼんのうのかたまり）」のような人間でした。わかりやすくいうと、自分の損得で物事を判断したり、どちらかいうと、人間関係よりもお金儲けを優先するようなタイプでした。

もちろんいまでも煩悩はあります。ゼロではありません。また仏門にも入っていませんし、いわゆる無宗教です。たぶん霊感はゼロです（笑）。お金はいまも大好きです。

しかし、真我を引き出し、本当の感謝というものを知ったあと、自分の中で大きく三つのことが変わりました。

それは……

①これまで当たり前と思っていた両親からの愛を心の底から感じるようになった
②嫌いだった自分を素晴らしいと思うようになった
③周囲のすべての人が味方に見え、人間関係の悩みがゼロになった

ことです。

そうしたら、自分はもうダメだと思って発症した「うつ病」が短期間で完全寛解しま

した。将来に不安を抱えながらも40歳で起業し、多くのお客様ができ、収入は会社員時代の3倍になりました。一生独身かと思っていたのに44歳で結婚しました。

家族の中ではあまり会話をしなかった自分が、自然と楽しい会話をするようになりました。

幸福とは、何かを頑張った先にあると思っていたのが、すでに自分の中にあることを心から感じることができるようになりました。

あるがままの自分、ありのままの体験談を通じて、あなたの中にすでに在る本当の自分というものを知っていただき、本当の感謝を体感・実践していただくことで、一人でも多くの方々に最高の人生を送ってほしいと思い、本書を上梓しました。

もくじ ― 人生を変える「本当の感謝」心の奥底にある本当の自分を引き出す方法

第5章 「本当の感謝」の連鎖が創る新たな世界とは？

SHINGA

第1章

頭ではなく
心から「感謝」することの
重要性

「本当の感謝」=真我を知っていただき、
それを素直に実践していけば、どんな人でも必ず、
心の底から両親に感謝するようになっていきます。

人間の感謝の原点は「両親」である

そもそも**「感謝」**とは何でしょうか？

ウィキペディアによると「感謝とは、優しさ、贈り物、手助け、好意、その他の厚情を受けた人物がそれらを施してくれた贈り主に向けて示す、ありがたいという気持ちやその感情を表すポジティブな反応である」とあります。

おそらく、これが一般的な解釈だと思います。

つまり、「何かしてくれた、与えてくれた」人や事象に対して、「ありがとう」という気持ちや言葉のことです。

外国人がよく使う「Thank you for your help」というフレーズも、「助けてくれてありがとう」という意味になります。

我々が普段当たり前のように使う「感謝」は、人間関係を良くする上でとても大切な行為であり、素晴らしい言葉です。

しかし、私達は「ありがとう」や「Thank you」という言葉を日常的かつ無意識に発するためか、**その言葉の本当の意味や使い方について、あまり真剣に向き合ったことはないと思います。**

ですので、ここで一度感謝について、もう少し掘り下げてみたいと思います。

例えば、よく「両親には感謝しなさい」とか、「ご先祖様には感謝しなさい」ということを教えられた人は多いと思いますし、私もその一人です。

特に、子供の頃から両親から愛情いっぱいに育てられて、両親と仲良く成長してきた人は、なんの疑いもなく、両親へ感謝していると思います。

ですが、**現実の世の中は、そのような人ばかりではありません。**

幼いときに両親が離婚して父・母どちらかの親と育った人、親からの虐待やなにがしかの暴力（言葉も含む）を受けた人、あるいは、記憶も定かでない幼少の時に肉親を亡くしたり、実の父親や母親の顔を見たことがない方もいることでしょう。

そうした人達にとって「両親への感謝」というのは、なかなか理解しにくいことかもしれませんし、子供の頃、親に見捨てられた、親からなにがしかの暴力や虐待を受けたことがある人の場合、**「両親に感謝だと？　ふざけるな！　あの親のせいで、どれだけ苦労したと思っているのだ」**という感情が出てくる人もいるでしょう。

私の場合は、父親が少し厳しいというか真面目でセンシティブな性格だったので、例えば、友人と夜遅くまで電話で話しをしていると、「いま何時だと思っているんだ、いい加減にしろ！」とよく怒られました。

いまとなれば、朝早くから会社に出勤していた父の気持ちがよくわかるのですが、当時ワガママな学生だった私は、「うるさいオヤジだな。友達と夜電話で話すくらいいいじゃないか」とよく反発心を持ったものです。

要するに、世の中には、両親、もしくは父・母いずれかと必ずしも良好な関係で育った人ばかりではないというのが現実だと思うのです。

そのような環境で育った人に「両親へ感謝せよ」という言葉は綺麗事に映ることでしょう。

私もどちらかいうと、「両親への感謝」より、最終的には頼るのは自分しかいないのだから、自分の目標や夢を追いかけ、自己実現することのほうが重要と考えていました。

ですが、いまははっきり言えます。

この「両親への感謝」こそが、あらゆる人間関係における感謝の原点なのです。

なぜか？

それは、この世の誰一人として、両親なくして、生まれてきた人はいないからです。

両親というのは、あなた自身の原点だからです。

ですので、いかなる理由があるにせよ、そのあなたの原点である両親に感謝しない、あるいは憎む・嫌うということは、自分自身を否定することに他なりません。

なんだか偉そうに言っていますが、私も真我に出会う39歳までは、とても両親を大切にしていたとは言えませんでした。

ですから、**いま現在、あなたが両親に心から感謝できない、あるいは仲が悪かろうが、憎んでいようが、いまさら親に感謝を伝えるなんて恥ずかしいと思っていようが、大丈夫です。安心してください。**

この本で、「本当の感謝」＝「真我」を知っていただき、それを素直に実践していけば、どんな人でも必ず、心の底から両親に感謝するようになっていきます。例外はありません。

そして、真我を体感すると「何かしてくれた、与えてくれたからありがとう」だけではなく**「ただ、そこに存在するだけでありがとう」、さらには「自分のつらかった過去や出来事に対してもありがとう」という心が自然に生まれてきます。**

そうなると、すべての人や物・事象が感謝の対象になり、あなたには一切敵がいなくなり、家族・仕事・親族・友人・地域社会などあらゆる人間関係が面白いように改善していきます。

ただ、ここでひとつ「子供の頃から両親がいない人はどうしたら良いのか」と思われる方、あるいは実際にそのような境遇で育った方もいらっしゃるかもしれません。

これから紹介する内容は、幼少期に両親に捨てられて、ヤクザに拾われ、ずっと親を憎んで育ってきた女性が、佐藤先生の講座で真我と出会い、本当の感謝を体験したあとに書いた「両親への手紙」です。

私は、この手紙を読んだとき、それまで両親といかなる関係だったとしても、「両親への感謝」がすべての原点であり、そして真我は地球上の誰一人例外はなく、必ず心の中に存在するものなのだと確信しました。

少し長文ですが、「真実の言葉・叫び」です。できれば静かな場所で、この手紙を書いた女性の境遇・人生を想像しながら読んでみてください。

【両親への手紙】

私のように親の顔を知らない子供が世の中にいるでしょうか。いるわけがない。私をあるお寺の門前に置き去りにしてどこかに行ってしまったお父さん、お母さん。そんな親を私は随分恨みました。憎みました。

あなた達がどこかへ行ってしまって、私は随分苦労したんですよ。

老いたヤクザの人に拾ってもらって、その人を父と呼んで私は大きくなりました。

母と呼んだ人は昔、遊郭で客を取っていた人で、無学なため字も書けない人でした。どうして私を捨てたのかがわかりません。

育ててくれた親は「この子は女の子だから、食えなくなったらこの子を売ればいい」と思って拾ってきたみたいです。

だけどいま、この年まで生きてきて、私は自分を生んでくれたことに感謝しています。

だって私がいまこうして幸福に暮らしているのも、地域社会の皆さんに喜んでもらっているのも、お父さん、お母さんが私を生んでくれたからなのです。

憎んだりしてごめんなさい。恨んだりしてごめんなさい。

世の中には中国残留孤児として中国人に育てられ、日本語がわからない人達がいます。私は日本で育ち、日本語が話せ、日本語が理解できます。言葉で心を通じ合うことができるのです。

きっと私を捨てたのには、何かわけがあったのでしょう。

お父さんとお母さんのおかげで、私には3人のお父さんと3人のお母さんがいます。生みの親、育ての親、そして主人のお父さんとお母さん。

そんな過去があったので、結婚しても主人のお父さんとお母さんに素直に、「お父さん、お母さん」と呼べます。

主人の両親は私をとても大切にしてくれます。感謝します。**苦しかった自分の生い立ちに、嘘ではなく感謝いたします。**

生まれてきてよかった。３人のお父さんとお母さんに見守られて現在の私がいます。恨んだりして、ごめんなさい。顔も知らないお父さん、お母さん。

ヤクザだったお父さん、無学だったお母さん。主人のお父さんとお母さん、こんな私を「いいお嫁さん」として迎えてくれてありがとう。これからもっと私は人に尽くします。愛を与えます。どんどん、どんどん、人のためになることをやります。人が喜んでくれることが、私は何より嬉しい。世の為、人の為になることに全力投球していきます。

心の中のダイヤモンドをピカピカに磨いて、その光を人に降り注ぎ、人に良い影響を与えられる人間になります。ありがとうございます。

いつも私を見守ってくれてありがとう。

お父さんとお母さんに生んでいただいたことを感謝し、毎日必ず手を合わせ、ありがとうと言うことを忘れません。

これからも私を見守ってください。私は絶対に素晴らしい生活を送ると約束します。もう一度言わせてください。

お父さん、お母さん、私を生んでくれてありがとう。

読者の皆さんは、この女性の心はどのようにして変化したのか？　と思われるかもしれません。答えは、本当の自分（真我）を引き出し、本当の感謝を体感し、その真我を日常生活で実践し続けたことです。

と言っても、まだ真我を体感されていない方には、当然よくわからないと思います。

そこで本書では、真我を引き出すための具体的な方法を第2章で詳しくご紹介することにしました。また第3章では、それを実生活で習慣化する方法もお伝えします。

真我を開発するプロセスや手順・方法・時間は、人によって異なりますが、そちらを読んでいただくと、**両親に捨てられて親や世間を心から憎んでいた女性が、「人が喜んでくれることが、私は何より嬉しく、世の為、人の為になることに全力投球」するという女性に生まれ変わった理由**が、なんとなくご理解いただけるはずです。

「本当の感謝」は、心を掘り下げることから生まれる

本当の感謝には大きく二通りあります。

①両親や人間関係への感謝
②宇宙への感謝

①はともかく、②はおそらくピンと来ないかもしれません。でもそれで良いのです。

本当の感謝とは、頭で理解できるものではなく、理屈や論理ではないからです。

ですから、これまでの心理学や宗教、成功哲学、自己啓発などいわゆる頭からインプットする方法では難しいのです。

心で感じるしかありません。体感するのです。「Don't think! Feel!（考えるな！ 感じる

のだ！」」(byブルース・リー／映画「燃えよドラゴン」)なんです(映画を見ていない人はゴメンナサイ)。

ですから、「あぁなるほど、本当の感謝ってそういうことね。明日から早速実行してみます！」というものではないのです。

まず知るべきことは、**本当の感謝を体感しようとしたら、ただ心を静かにしているだけでは不可能だということです。**そして、「真我」＝「本当の自分」を引き出すことが不可欠です。

ではどうすれば良いのか？　佐藤先生は、**「真我」＝「地下深く眠る黄金」**に例えると良いと言われています。

もし、地下深くに黄金が埋蔵されているとしたら、地上からは、その黄金を見ることはできません。土しか見えませんね。ですから、その土を掘り起こしていかないと、いつまで経っても黄金は見つかりません。ここでいう「土や石」とは「過去の記憶やトラウマ・経験・知識」のことを指します。

真我に辿り着こうとするなら、少しずつ「過去の記憶やトラウマ・経験・知識」を捨てながら、掘り下げて行かなければならないのです。

これを**「真我の黄金理論」**と言い、佐藤先生は**「心の3層構造」**と呼んでいます。

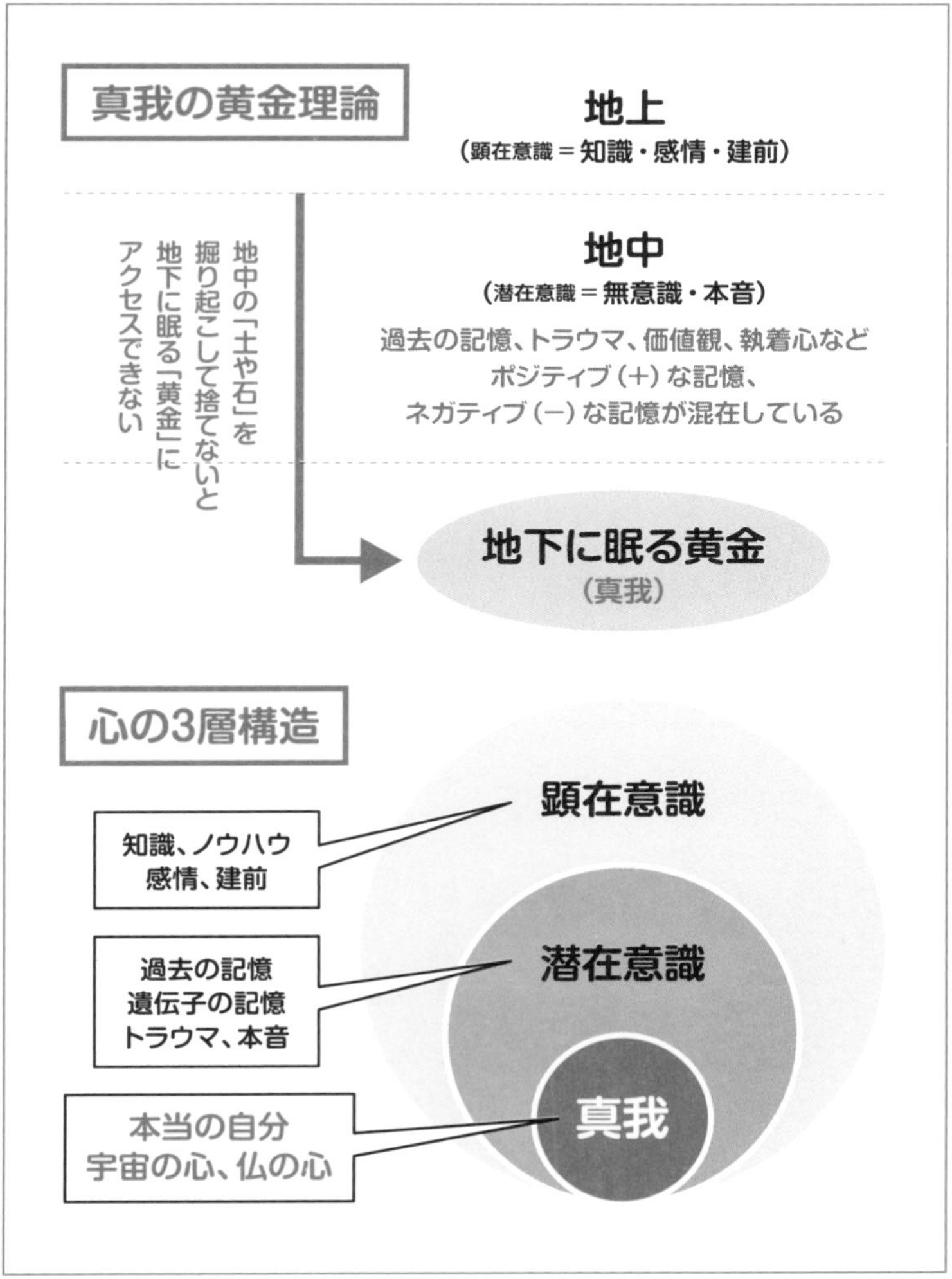
真我の黄金理論
地上
（顕在意識＝知識・感情・建前）
地中
（潜在意識＝無意識・本音）
過去の記憶、トラウマ、価値観、執着心など
ポジティブ（＋）な記憶、
ネガティブ（−）な記憶が混在している
地中の「土や石」を
掘り起こして捨てないと
地下に眠る「黄金」に
アクセスできない
地下に眠る黄金
（真我）
心の3層構造
顕在意識
知識、ノウハウ
感情、建前
潜在意識
過去の記憶
遺伝子の記憶
トラウマ、本音
真我
本当の自分
宇宙の心、仏の心

ですから、ある意味、生まれたばかりの赤ちゃんや幼児のほうが、**記憶や知識・経験があまり蓄積していませんから、真我に最も近い心を自然に持っている**と言えます。

しかし、年齢や時間とともに、親や学校から受ける教育、世間やメディアからの情報、自らの経験や知識が増えるにつれて、例えば「世の中には敵と味方がいる」「良い学校や良い会社に入ることが子供の幸せ」「あの人のように立派になりなさい」「人は常にプラス思考であるべき」というような常識や教えがこびりつき蓄積されるので、実は赤ちゃんの時に無意識に感じていた真我や本当の感謝という感覚からどんどんから遠ざかってしまうのです。

ですから、どうしてもまず、**一度掘り起こすという作業が必要不可欠になります。**

第2章の実践編では、いくつかのテーマに沿って、「徹底的に書く（アウトプットする）」という作業をしますが、**書くという作業には、これまでインプットしてきた思考よりも深い意識にアクセスするという目的と、さらに心を深く掘り下げていくことができると**

いう効果があります。

1つの問題を抱えている時に、ただ頭の中で考えていても堂々巡りになりますが、一旦紙に書いてしまえば、同じことを何度も繰り返して考えることがなくなります。ですから同じところに留まらず、さらに深く入っていけるのです。

また、ただ一人で悶々と考えているだけだと、ずっとそのまま頭や心に残ったままですが、その紙に書き出した内容を実際にゴミ箱に捨てることで、一時的にその部分の心のゴミは空っぽになります。そのタイミングが真我を引き出すチャンスなのです。

心のゴミを捨て、感謝を掘り起こす

では、何から掘り起こせば良いのか？

まずは、現在抱える悩みや不満を紙に徹底的に書き出し、それをゴミとしてすべて捨てるという作業をします。これを**「心のゴミ出し」**と言います（最初に「心のゴミ出し」を行う理由については第２章で詳しくお伝えします）。

そして、その後に**「感謝の掘り起こし」**を行います。これは、両親、子供、兄弟姉妹、家族、取引先、会社（上司・部下）、友人・恋人などから感じた愛、記憶、思い出など、すべて紙に書き出すというものです。

この「感謝の掘り起こし」は、最初はできるだけ両親から進めることをお勧めします。なぜなら、先述のように、両親はあなたの原点だからです。

「心のゴミ」を思いっきり捨てたあとに、両親との思い出や記憶を掘り起こすと、不思議と親に対する深い感謝の気持ちが湧いてきて、「お父さん、お母さん、ありがとう」という気持ちと同時に「ごめんなさい」という気持ちが自然と出てきます。

それは、これまでの自分のいたらなさに気づき、両親の無償の愛を感じることができずに過ごしてきた贖罪の気持ちが出てくるからです。すると、私が亡くなった父を見送った時に感じたように、わけもなく涙があふれてくることがあります。中には号泣してしまう人もたくさんいます。

これが「両親や人間関係への感謝」です。

そして、ここから先が真我の真骨頂です。というか、深い部分です。

この心の状態というのは、先ほどの例で言えば、黄金の場所は見えてきたけど、まだ実際に手には入れていないという状況といって良いでしょう。

親に感謝ができるようにはなっても、過去のトラウマのすべては消えたわけではなく、本当の自分を完全に引き出したわけではないからです。

「真我を引き出す」というのは、両親や人間関係に感謝できるようになることが最終目的ではありません。

「両親・人間関係への感謝」はあくまでもスタートラインです。

ですので、次は、自分自身の過去や出来事に対するゴミ出しをして、掘り起こし（紙に書き出し）をしていきます。

人によって時間差はありますが、つらかった出来事に対する思い、いま抱えている悩みや不安そのものは、自分の心がつくりあげた幻想にすぎないことにふと気づきます。

ここで、過去に対する捉え方が、１８０度変わる瞬間が訪れます。

私の場合で言えば、倒産・リストラでうつになり精神科に通ったことは思い出したくない辛い過去です。しかし、そのつらかった出来事に向き合い、思いっきり掘り起こし、ゴミを捨てたことで、以下のように捉え方が変わっていきました。

・リストラの経験があったからこそ、起業にチャレンジする精神が生まれた。
・うつ病になったことで、人の苦しみがわかるようになった。

というように。

そして、ここがとても重要なことなのですが、**この心の捉え方というのは、誰からも教わっていない（頭からのインプットではない）のです。**

つまり、自分で掘り起こし、自らの心で引き出したということです。

この時の喜びは、とても言葉では言い表せません。

あえて表現するとすれば、「あぁ、これまでの経験や出来事は、このことに気がつくためにすべては必然だったのだ」「あぁ、自分は生かされている、なんということか、ありがとう」という感覚です（この感覚は人によって異なります）。

そして、これこそが「宇宙への感謝」であり、さらに真我を引き出した状態となります。

なぜ、「宇宙への感謝」という表現になるのか？

「いま、生かされている自分」の究極の原点は何でしょうか。

自分→両親→先祖→人間誕生→生物誕生→地球→宇宙

原点の原点……と追求していけば、現代で究極の原点は「宇宙」ということになります。

要するに、すべてはつながっているのです。

中には、これを「創造主」とか「神＝God」という人もいるでしょう。表現はなんでも良いのですが、一般的には「宇宙＝Space」が共通する言葉だと思います。

宇宙飛行士で、日本人として最後のスペースシャトル搭乗者となった山崎直子さん。

私が住んでいる千葉県松戸出身なのですが、その山崎さんが宇宙から戻ってきたとき、こんな言葉を残しています。

「地球も、私達自身もやっぱり宇宙の一部でした」

この誰も否定できない偽らざる真理に気づき、心の底から感謝したとき、あなたは真我に目覚め、とてつもない喜びの人生を送ることができるようになるのです。

真我は「教え」ではない

これまでの内容を読まれて、もしかしたら、中には「真我」＝「宗教」と思われた方もおられるかもしれません。

私も最初はそのように感じたことがありますが、真我はいわゆる一般的な宗教とはカテゴリーが異なります。

そもそも**真我とは何かの教えや学問ではない**ので、宗教と比較するのも変な話なのですが、宗教の定義を調べてみると、「一般に、人間の力や自然の力を超えた存在を中心とする観念であり、また、その観念体系にもとづく教義、儀礼、施設、組織などをそなえた社会集団のことである」とあります。

これに照らし合わせると、まず、真我は人間の力や自然の力を超えた観念ではありませんし、教義も儀礼も、お祈りの施設もありません。

そして、一般的な宗教には、教祖と信者がいますが、これもありません。

ちなみに、この本の監修者の佐藤先生は「真我開発」の発明者・創始者であり、いわゆる教祖ではありません。私も一受講者ではありますが、信者ではありません。ですから何かを拝んだり、お布施をする人もいません。

また、一種の洗脳やマインドコントロールではないかと思われる方もいらっしゃるかもしれませんが、当然これも違います。

マインドコントロールとは、「ある特定の人物の思考に合わせ特定の意思決定や、行動へと誘導する技術」です。

真我開発は、先ほどからお伝えしている通り、特定の人の考えや思考を教えるのではなく、**もともとみなさんの心の奥に在るものを引き出すだけ**ですから、ある意味全く逆ですね。佐藤先生はあくまでその方法を世界で最初に発見した先駆者ということになります。

ですので、真我開発講座は、佐藤先生以外にも一般の講師が3000人以上おり、ANAや明治安田生命など一般企業での研修も実施しています。

「本当の感謝」は脳や体に良い影響を与える！

次に「なぜ、真我を体感すると、あなたの人生や周囲との人間関係が素晴らしくなるのか？」の科学的な根拠を考えてみます。

まず、感謝という行為によって、人の脳の中ではいったいどんなことが起こるのでしょう？

脳科学の観点からからいうと、人は感謝の心を持つことで、脳内から「ドーパミン、セロトニン、オキシトシン、エンドルフィン」が分泌されるそうです。

これらは、端的にいえば、**すべて脳と体に良い作用を与える物質**です。

・ドーパミン……やる気・モチベーション・集中力などを高める
・セロトニン……安心感・安らぎ・落ち着きなどを高める

・オキシトシン……愛情・思いやり・免疫力などを高める
・エンドルフィン……多幸感などを高める

感謝を伝えるというたったそれだけの行為で、上記4つの物質すべてが分泌されるのですが、この他に、これら4つの物質がすべて分泌される行為はないそうです。

中でも、**オキシトシンは、「幸せホルモン・愛情ホルモン」と呼ばれ、人と人との絆や人間関係における重要な要素**と考えられています。

オキシトシン研究の権威で医学博士の高橋徳先生は、「（オキシシントンは）自分の身体を健康に保ってくれるホルモンではあるのですが、同時に、**他の人と仲良くなれるという作用があるんです。相手を愛そうとする時にでるホルモン、こんなホルモンは他にはありません**」と述べています（『最強免疫力の愛情ホルモン「オキシトシン」は自分で増やせる！』（明窓出版2020年6月15日発行／高橋 徳・保江邦夫著）78ページより）。

また、スイスのチューリッヒ大学の研究で、オキシトシンは私たちの人間関係にも影響を及ぼすこともわかってきました。

50組のカップルに対して現在抱えている問題について話し合ってもらいました。

そのとき、半数のカップルにはオキシトシンを鼻から吸ってもらった上で、話し合いをしてもらいました。残りの半数のカップルには、オキシトシンを吸わずに話し合いをしてもらいました。

すると、オキシトシンを吸わなかったカップルは話し合いがケンカに発展したのに対し、吸ったカップルはケンカにならずに終わったそうです。

オキシトシンが脳に作用して、カップルや家族との人間関係を良好にすることにつながったと考えられています（２０２０年6月3日放送　ＮＨＫあさイチの番組サイトより　https://www1.nhk.or.jp/asaichi/archive/200603/1.html）。

要するに、**「感謝を表明すればするほど、人との絆が深まり、幸福感が増す」**ことに対する科学的な解明が、かなり進んでいるということです。

そして、真我とは本当の感謝ですので、それを日常の中で実践し、伝えていけば、周囲や他人との絆が深まり、幸福感が増すのはもちろんのこと、とても言葉では言い表わせない境地を体感することが可能になります。

それは、いわば**「現代版の悟り」**です。

辞書には「悟りとは、迷いの世界を超え、真理を体得すること」と書かれています。

多くの人は、「悟り」なんて、仏門に入り、出家して、厳しい修行や苦行を何年も積んだ人しかたどり着けない境地ではないのか、と思われることでしょう。私も最初はそのように考えていました。

しかし、実は悟りとはそれほど難しいものでも、特別なものではありません。

実際、現在では仏門に出家せず厳しい修行や苦行をしなくても、我々のような一般人が悟りを体感することが可能になりました。

そして、**その「悟り」を日常生活の中で体感できる最も シンプルな方法が「真我を引き出し、本当の感謝に目覚めること」**です。

悟り（真我）に目覚めたとき、脳内でどのようなことが起きているかについては、まだ詳しい実証データはありませんが、とても興味深い実験結果があります。

それは、米国のトーマス・ジェファーソン大学医学部のアンドリュー・ニューバーグ教授（神経科学専門）のグループによる**「瞑想などの悟りによって脳の動きがどのように変化するのか」**というものです。

この実験の結果で、「悟り」を体感した時、前頭葉の中にある「自分と他人の境界を認識する部分」の活動が低下することが判明したのです。

具体的に言うと、「自己と他人の境界の認識がなくなる＝自分は孤立した存在ではなく、万物と結ばれていると直感した脳の状態」ということです。

さらに、著書『悟りはあなたの脳をどのように変えるのか――脳科学で「悟り」を解明する』（アンドリュー・ニューバーグ、マーク・ロバート・ウォルドマン著、エリコ・ロウ翻訳、ナチュラルスピリット・２０１９年1月27日発行 28ページより）によれば、

「「悟り」や「小さな悟り」を体験できる能力は人の意識と脳神経回路にしっかり組み込まれているようだ。この機能にアクセスすることを学べれば、その人自身のためになるだけでなく、社会にとっても大変有益だ。」と述べています。

現時点では、あくまで1つの実験による仮説ということにはなりますが、悟り（真我）は誰でも引き出すことができ、体感すると、脳内で素晴らしい変化が起こるということが、科学の世界でも証明されつつあるということです。

従来の成功哲学と真我の違い

私は20代のころから、いわゆる成功哲学などの自己啓発書が好きで、「明確な目標を決めて、期限を決め、紙に書く」「常にプラス思考で潜在能力を活用すれば必ず夢が実現できる」というようないわゆる成功哲学を勉強し、そして実践もしてきました。

その結果、年収が上がったり、高級車を手に入れたりと、それなりに自分の願望を手にしたこともありました。

しかし、前職の会社でリストラになった結果、うつ病になったのです。このとき、以前自分を鼓舞した成功哲学の本を読みあさりましたが、全く効果はありません。効果があるどころか、「こんなにネガティブで後ろ向きな人間は成功なんてできない、自分はもうダメなのかも」と自分を責め、ますます落ち込んでいきました。

そんな**私が真我を知って実践してみると、うつが数日で寛解（かんかい）した**のです。

不思議に思って、冷静に従来の成功哲学と比較してみると、その違いを明確に認識でき

	真我（SHINGA）	従来の成功哲学
潜在意識について	人間の心は、顕在意識、潜在意識、真我（本当の自分）の「3層構造」からなっており、潜在意識よりさらに深い部分に焦点をあてると、すべて好転し始める。	明確な願望を持ち、その達成のためには潜在意識の活用が不可欠。しかし、使い方によっては悪用される場合もある。（詐欺や洗脳商法など）
プラス思考について	頭ではなく、自然に心からプラスと思えるようになる。逆に心がネガティブな状況で、無理にプラス思考になる必要はない。 あるがまま、ネガティブ思考もポジティブ思考も超え、すべての人をもともと「完璧」と捉えることからスタートする。	無理にでも頭でプラスに考える（自己暗示）、ネガティブ思考を否定する。好調な時は良いが、不調な時は自分を責め、落ち込んでしまう（うつの原因）。 世の中には、勝者と敗者がいるという考え方になりがち。自身も気づかないうちに利己的・排他主義になる場合がある。
目標達成と心のあり方	目標は設定するが、競争相手を敵とみなすのではなく、周囲をすべて協力者にする。喜びをシェアしながら、達成を目指す。そのためのプロセスが大調和の観点から自然に導き出せる。相手を裁かないので、パワハラや争いはおきない。	自己の目標や願望達成が第一。競争相手を敵とみなし、目標達成を阻害する要因（能力が低いスタッフなど）を取り除く。自分が正しいという考えが強くなり、相手を裁いてしまうので、パワハラや争いが起こる場合がある。
人生と家族	・人生＞仕事（願望達成） 両親、夫婦（家族）、取引先、社員スタッフの人間関係を良くすることが、実は成功や幸福への近道。「人生の中に仕事がある」という捉え方。	・仕事（願望達成）＞人生 願望達成（出世）のためには、家族との時間を多少犠牲にするのはやむを得ない。「仕事＝人生である」という考え方になりがち。

ました。表は、真我と成功哲学の違いを佐藤先生の著作を調査しまとめたものです。**従来の成功哲学の最大の問題点は、頭で無理にでも「プラス思考」になろうとする**ことです。なぜ、それが問題なのか。人はプラスが良いとわかっていても、そうではない心が湧き上がってくるからです。これを私は**「成功哲学のワナ」**と呼んでいます。

例えば、「両親には感謝すべき」と頭でわかっていても、もし心からそう思っていなければ、かえって苦しむことになります。

また、**自己の願望や目標への執着もある意味危険**です。「出世しなければならない」「金持ちにならなければならない」「有名にならなければならない」という部分にばかりとらわれると、ふと壁にぶち当たった時に、自分を責め、うつや精神障害を起こします。

エリートと呼ばれる人達がうつ病になるのは、右記が原因の1つと言われています。私は決してエリートではありませんでしたが、前職でリストラされたとき、「自分は成功者にならなければならない」という執着心がうつ病を引き起こしてしまいました。

しかし、**真我に目覚めると、執着心が消え、「自分は自分のままで素晴らしいのだ」という心理になっていきます。**それにより、物事や人に対する見え方が180度変わっていき、両親をはじめ、すべての人に心から感謝できるようになるのです。

SHINGA

第2章

心を掘り下げて「本当の自分」を引き出す5つの実践法

この章では、真我（本当の自分）を引き出し、
「本当の感謝」を体感する画期的な方法をお伝えします。
できるだけ心をまっさらにして取り組んでみてください。

それでは、これから、**あなたが真我（本当の自分）を引き出し、この本のタイトルである本当の感謝を体感する画期的な方法**をお伝えします。

これは、本書の監修者である佐藤先生が、30年以上前にたった一人で開発した、世界で唯一、究極の真我開発メソッドです。

以来、約40万人が受講・体験し、その中には、政治家（現役国会議員／元大臣）、上場企業経営者、起業家、ノーベル賞候補科学者、医者、プロスポーツ選手、会社員、大学教授、教育者、宗教家など、あらゆる分野の人が含まれています。

また、医師や病院からさじを投げられた精神病、がんや心臓病、脳内疾患、アルコール・薬物依存症などの方々が、この真我開発の方法で回復されています。

佐藤先生は、よく**「真我」＝「双六（スゴロク）でいう上がり」**という表現をされますが、それは、これまで成功哲学、心理学、精神医療、宗教などあらゆる学問が求めてきたものであり、**「真我で解決できない問題は、この世で何ひとつない」**という意味になります。

本章では、様々な真我開発メソッドの中で、実際に私自身が体験・体感した方法をわかりやすくお伝えします。

まず、誰もいない静かな場所で1時間くらい集中できる時間を確保してください。あと白い紙を5枚程度とペンを用意してください。

スマホや携帯電話は必ず切るか、音がなっても気がつかない場所に移動してください。

真我を引き出すポイントは、「リラックス・集中・素直な心」ですので、**これまで学んできた教えや思想、観念などはこの時間だけ一切外して**、できるだけ心をまっさらにして取り組んでみてください。

あと1つ重要なことは、頭や意識の中で「真我を求めすぎない」ことです。なぜなら真我は、もともとすでにあなたの心の奥に存在するからです。ですので、それに対する願望や目標を持つ必要はありませんし、「早く真我を体験したい」と意識しすぎると、かえって引き出すのに時間がかかってしまう場合があります。それゆえ、一旦心の中を空っぽにするために、ただひたすら、これまでの記憶やトラウマ、価値観や執着心を捨てていくことからスタートします。

ステップ1

現在の悩み・不安を捨てる「心のゴミ出し」

第1章で少し概要をお伝えしましたが、ここではもう少し具体的にお伝えします。

なぜ、まず「心のゴミ出し」なのか？

普通の生活をしていれば、ゴミが溜まったら捨てるのが当たり前ですよね。なのに、**心のゴミ（自然と湧き上がるネガティブな感情）はほとんどの人がそのままにしています。**

そして、どうしようもなくなると外側に吐き出してしまいます。それがパワハラやセクハラ、いじめ、家族や他人との喧嘩、衝突につながるわけです。煽《あお》り運転などもそうです。そこまでいかなくても近くにいる人は不快な気分になります。

あるいは、そのまま内側にどんどん溜まっていくと、生ゴミと同じでどんどん腐っていきます。それがうつや精神疾患、アルコール・薬物依存症などの重い病気につながります。

よく世間的には、つらい事があっても、それを押し殺して、笑顔を作り、感謝しようと努力することが良いことのようにみられています。しかし、それは同時に自分自身を否定していることにもなります。

ですので、現在抱えている不平や不満、心の中で押し殺している感情、普段溜め込んでしまっている気持ちをすべて吐き出してしまいましょう。

それも**中途半端にやるのではなく、言いたいことがもう出てこないと思うほど、徹底的にゴミ出ししてしまうのです。**

その不平・不満は決してあなたの「本当の本音」ではなく、**「見せかけの本音」**です。その見せかけの本音をひとまず吐き出して、すべてゴミとして捨てるということをやっていきます。

では、具体的にどうすれば良いのか？

方法は2つです。声に出して発散するか、紙に思いっきり書き出すかです。

前者は、車の中とか、誰もいない防音の部屋であればできますが、現実的に一人ではなかなか難しいです。ですが、後者の**「紙に書き出す」**であれば、場所・時間問わず、誰でもいつでもどこでもできます。

脳科学者の茂木健一郎さんは、『「書く」習慣で脳は本位になる』（廣済堂出版　2019年

4月10日発行 94ページより）という著書で、**「書くということは、自分の無意識の中にある何かを取り出すこと」**と述べています。

頭や心に浮かんだことを書き出すという作業には、自分の心をより深く掘り下げていけるという効果があり、心理学では、「ジャーナリング」といって「書く瞑想」とも呼ぶ専門家もいます。ですので、それを何回か繰り返していくと、心のゴミはどんどん減っていきます。

ということで、このページ記載の「心のゴミ出しシート」を本書公式サイト（https://peraichi.com/landing_pages/view/pdf-worksheet　222ページにQRコード掲載）よりPDFをダウンロードして印刷していただくことをお勧めしますが、もしくは普通の白いコピー用紙でも良いです。それと鉛筆かペンを用意してください。

現在の悩み・不安や不満に思うことを書き出してみてください。あとは、

・自分を苦しめているもの
・ある特定の人（両親・夫婦・親子・親戚・友人・自分）への不満
・後悔していること
・人には言えないこと、言えなかったこと など

【ステップ1　心のゴミ出しワーク】

- いま抱えている不満・不安・悩み
- 罪の意識、恥ずかしいこと、自分を苦しめているもの（思うもの）
- ある人（両親・夫婦・親子・親戚・友人・取引先・上司・同僚など）への不満やわだかまり　など

思いつくまま、書き出してください。（どんなに感情的で乱暴で汚い言葉や表現でも OK です）
これを放置しておくと、生ゴミと同じで心の中から腐ってきます。全部吐き出し、捨ててしまいましょう！

どんなに些細なことでもいいです。順番も体裁も気にせず、すべてを正直に、素直に思いつくまま書き出してみて下さい。また、同じ内容を繰り返し書いてもかまいません。

【心のゴミ出しの例】（固有名詞を入れてもOKです）

・「コロナでこれから会社がどうなるのか不安だ」
・「うちの上司は私を褒めたことがない」
・「○○はいつも文句ばかり言いやがって」
・「なんて○○なんだ！　ふざけるな！　バカヤロウ」
・「俺がどんなにつらい思いをしたと思っているんだ！」
・「何かわからないけど、ムシャクシャする……」
・「ああ、早くあの上司が変わってくれないかなあ」
・「どうして自分だけがつらい思いをしなきゃならないのか……」
・「私はダメな人間なんだ……」
・「あの人は本当に苦手だ。会いたくない」
・「きっと○○は私のことが嫌いなんだな」

・「来年から給料が下がりそう」
・「なんだか、最近やる気がでない」
・「あのバカ○○、ふざけんな」
・「もう何もかも嫌だ！」
・「なんで、私はいつもこうなんだろう」
・「俺がこうなったのは、親の育て方が悪いからだ」
・「私を裏切った○○、絶対に許さない」

どんな細かいことでも良いです。全部吐き出しちゃいましょう。

このとき、殴り書きだろうが、どんなに乱暴で汚い言葉や感情的なワードを書いてもOKです。とにかく書きなぐる感じです。文字になっていなくても良いです。他の人は誰も見ませんから。

これを**集中して20分くらいかけて、白い紙が埋まるまで徹底的にやります。**これでもかというくらい書き出して、ある程度出尽くした段階で、一旦ペンを止めます（5分とか10分くらいずつ、何度か分けてやっても構いません）。もちろん、1枚で書き足りない場合は、何枚でも書いてOKです。

この心のゴミ出しの目的は、「素の自分」としっかり向き合うことです。**向き合うことで、いま抱えている「自分の本当の問題」が浮かび上がってきます。**

そして、**書き出した紙は、必ずクシャクシャにするか、破いてそのままゴミ箱に捨ててください（特に固有名詞を書いた場合は絶対に破いて捨ててくださいね）。**

このとき、心の中では、第1章でお伝えした「マイナス想念の一部」を掘り起こし捨てた状態になっています。

先述の「真我の黄金理論」でいえば、地中の土を一部掘り起こして、少し地下の黄金に近づいてきたイメージです。ですので、このままステップ2へ進みます。

自分には心のゴミが少ないと感じる方

中には、両親には普通に感謝しているし、いまはうまく行っているし、悩みもそれほどないという方もおられるかもしれません。

誤解を恐れず、はっきり言います。**それも「心のゴミ」なんです。**

特に、頭の中で「両親に感謝している」という思い込みは、一度捨てた方が良いのです。

なぜなら、それは先ほどの真我黄金理論（心の3層構造）のうちの、潜在意識にある「プラス」の部分＝土の一部だからです。

この一見良さそうにみえるプラスの記憶は、言ってみれば、地中にあるダイヤモンドのような綺麗な石というイメージです。でも、この石は綺麗ですが、本物のダイヤモンドではありません。ですから、掘り起こさないと真我（本当の黄金）にたどり着けません。

例えば、親がアルツハイマーなどで介護が必要になったとき、「親の介護は大変だな」とか、「困ったことになった」と、自分のことも心配になってきます。

それが本心でしょうし、当然の気持ちだと思います。そんなとき、この「両親には感謝している」という思い込みにより、本心との間にギャップが生まれ、かえって自分を苦しめることになります。

この本では、綺麗事は一切言いません。私の母に対する体験談を正直に告白します。

私の母は現在87歳で高齢です。現在は一人で実家に住んでおり元気ですが、時に足が不自由になったり、いろいろな病気やケガをすることもありました。

そんな時、ほとんどは兄夫婦が母のケアやサポートをしてくれたのですが、ときどき私も病院に連れて行ったり、買い物を手伝ったりすることもありました。しかし、そこには「サポートしてあげている、助けてあげている」という思いの自分がいたのも事実なんです。

なので、自分の気分がいいときは良いですが、仕事でとても忙しい時などに母からいろいろ細かい要望や小言を言われると、イラッとする自分がいました。

そんな時、「俺は冷たい息子だな、偽善者なのか」という葛藤がありました。

「息子だから、母が困っていたら、助けるのが当たり前」という頭の中の観念がそんな自分のジレンマを生んだのです。

しかし、「両親に感謝すべき」という頭の中の教えを捨てて、真我を引き出したとき、もう母から何を言われてもほとんどイラッとしなくなりました。たまにはありますが(笑)。また、自分を責めることもなくなりました。

つまり、自分の頭の中で良いとも思っている価値観もすべて捨てて、本当の感謝を感じると、心がスーッと軽くなり、**努力しなくても、自然と両親との関係が良くなっていく**のです。

このあたりはステップ3で詳しく述べていますが、もし自分が本当に心のゴミが少ないと感じている方は、ステップ1を飛ばしていただいても構いません。

ステップ２
過去の記憶を180度書き換える

次に、「過去のつらい記憶や思い出」を１８０度書き換えるというワークに進みます。

ステップ１では、一旦書き出したゴミを捨てたわけですが、それでもまだ、あなたの記憶にはしつこく残っている場合もあり、そして時間が経つと、同じような気持ちが再生されてくるというのも現実です（特に自分自身のつらい過去・トラウマや人間関係に関する部分）。

ですので、そのような心の中の記憶の捉え方を変えるという作業をステップ２でやります。これは佐藤先生の真我開発メソッドやＹＳこころのクリニックで実際にやっているワーク**「完璧愛ポスト」**と呼ばれているワークの一部です。

ここでいう「完璧」という意味は、**「本当の自分はもともと完璧である」**ということを前提としています。

そして「ポスト」とは、その本当の自分に手紙を書くという意味から名付けられています。つまり、「すべての出来事は、自分にとって完璧だった」という手紙を自分に渡す気持ちで行うということです。

この**「記憶を書き換えるワーク」**によって、つらかったことや、苦しかった出来事が、実は最も大切なことを気づかせてくれた「メッセージ」だったのだ、というように捉え方が少しずつ変わってきます。そうすると、自分ではゴミだと思っていた過去の出来事が、自然に「宝物」に変わっていくのです。

書き換える記憶は、大きく2つあります。

1つ目は、**自分の過去のつらい体験や出来事の記憶**

2つ目は、**自分や他人との人間関係における記憶**

です。これら2つの記憶を書き換えるワークは次の通りです。

つらい体験やトラウマを「良かったこと」に書き換える

言葉だけでみると、違和感を感じる方も多いでしょう。あるいは、成功哲学のプラス思考と同じではないかと思われるかもしれません。

これは、つらい過去や苦しい現実をあえて書き出すことで、その出来事の本当の意味とメッセージを汲み取り、それに対する捉え方を180度変換するというものです。

難病や大きな事故に遭われた方の多くがよくおっしゃることですが、つらい過去や苦しい現実には、必ず大きな意味があります。

このワークを実践すると、それがだんだん見えてきます。すると、今度はそのおかげでいまの自分がいることがわかってきて、心がとても明るくなり、ごく自然に生きられるようになります。「いまのありのままの自分でいいんだ」という気持ちが湧き上がり、人に対する思いやりや感謝の気持ちがあふれてきたりします。

決して、頭で無理やりプラスに思い込もうとするのではありません。

では、私が実際、どのようにして過去の記憶・体験やトラウマを書き換え、そして、その後どのように変化したのか、ありのままをお伝えします。

お伝えしたように、私は40歳で起業しますが、最初はなかなか本気で行動に移すことができませんでした。

「人脈もロクにない、どうやって顧客を開拓するのか？」「本当に一人でやっていけるのか？」「失敗したらどうしょう……」「ホームレスになるかも……」「起業したら、転職も難しくなるし……」――いろいろな不安や心配がどんどん湧き上がってきました。

そこで実践したのが、この「記憶を書き換えるワーク」です。とても簡単な方法ですが、人生観を180度変える画期的な方法です。

まずは、自分がこれまで経験した不幸やつらい経験の中で、自分が思う欠点・嫌だなと思うことを白い紙に書きだします。

ステップ1のゴミ出しとは違い、**簡潔な箇条書きにするのがポイント**です。また、この時、最もつらかった経験や苦しみを優先して書きます。なぜなら、自分にとっての一番の苦しみや悩みにはとても重要なメッセージが隠されている場合が多いからです。

左の図は当時、私が書き出した過去の記憶の一部です。

これを書いているときの感情は、悔しかった、つらかった、惨めだった。一方で、「なんであんなことしたんだろう」と後悔の念と複雑に混じりあったようなものでした。

佐藤先生は言います。**「落ち込むときは徹底してネガティブに落ち込んでもいい」**と。その分、真我を開いた時のプラスの反動も大きいから。

そして次に、一旦心を落ち着けて、3分くらい整理する時間をとりました。そして、心の中で「完璧、完璧、完璧……」と繰り返し唱えました。

その上で、先ほど書き出したつらい過去や悩みと正面から向き合い、その「捉え方」を変えて、自分の中のちょっとした心の変化をまた書き出してみたのです。

最初はなかなか「これでよかった」とは心からは思えず、言葉が出てきませんでした。しかし何度か繰り返し続けていくうちに、「これで良かった」と思うことが出てくるようになり、少しずつ感謝

「過去の記憶」を書き換えるシート①

白い紙やノートにつらかった出来事や悩みを書きだす

・勤めていた会社の業績が変化し、リストラにあった
・彼女に突然振られたため、女性が信じられなくなった
・うつ病になった
・若い時ネットワークビジネスに手を出し、大きな借金をつくった
・エゴが強く、自分のメリットばかりを考え行動していた
・こんな年齢で起業しても失敗するのではないか
・他人と比較して妬んでいる自分がいる

「過去の記憶」を書き換えるシート②

「これで良かった」と思うことをリストアップ
・リストラを経験したことで、起業にチャレンジする精神が生まれた ・女性に振られたおかげで、人に対する接し方を改め、優しくなることができた ・うつになったおかげで、人の心の痛みがわかるようになった ・借金をしたおかげで、堅実で節度ある生活を心がけるようになった ・数々の失態を経験したことで、人間関係の大切さを知った ・エゴが強くワガママだった自分を反面教師にすることができるようなった

の気持ちに変わっていったのです。私の場合は、上の図のように変わっていきました。

起きた過去の事実そのものを変えることはできません。

しかし、**過去に対する意識や捉え方を変えることができることを初めて体感しました。**

そして、**自分の中の心のゴミだと思っ**

ていたつらい出来事が、実は自分の人生にとって貴重な体験＝宝だったことに、身をもって気づくことができました。

この時、なんとも言い知れない喜びと感謝が吹き出し、そして、一度最悪な状況を自分の心の中で受け入れたのです。

「なぁに、もし万が一ホームレスになったって、この日本で餓死することはないし、死ぬわけではない。いくらでもやり直せる！」というように。

つらかったこと、苦しかったこと、すべてに意味があり、自分は何も劣っていない「完璧」なんだと心から感じたとき、心に残っていた闇が一気に晴れて本当の自分に出会うことができたのです

それ以来、自分を心から信じることができるようになり、「40歳で起業する」という自分にとっての大きな扉を開くことになりました。

「美点発見」で人間関係の記憶を書き換える

ここまで実践してみて、真我を少し体感した、どっちとも言えない、まだ特に何も体

感していないという方等、いろいろおられると思います。

ただ、確実なことが1つ。あなたがどのように感じていようが、「心のゴミ出し」や「過去の記憶の書き換え」を実践した時点で、**なにがしかの心の変化が起きていることです。**自分の頭では気がついていないだけです。

例えば、「あまり小さなことで悩まなくなった」とか、いつも嫌だなと思っていた上司や同僚に対して、「この人も実は自分の知らないところで苦労をしているのかも」とか、「電車の中で小さな子供が騒いでいても、イライラしなくなった」とか、ちょっとした心の変化が起きてきます。

あるいは、中には、逆に以前よりも何かイライラしたり、不機嫌になるという人も出てきます。

それは**「好転反応」**といって、例えばゴミ出しして、自分の嫌な過去と向き合って、一方で真我を引き出したいという思いが交錯したとき、そのギャップに戸惑っている状態のことを言います。誰でもあることですし、私も何度も経験していますので、心配無用です。

重要なことはどんなに小さな変化でも、変化した自分を認めてあげることです。

私は、これを「自分に対する美点発見」と呼んでいます。

美点発見とは、基本的に周囲の人の「長所」や「良いと思われる部分」を見つけ、伝えてあげることですが、それをまず自分にやってみるのです。

かといって、「私はこんなに優秀だ」とか、「俺は天才だ」というのではありません。それでは単なるうぬぼれになってしまいます。

正確には、**昨日までの自分、あるいは過去の自分と比較して成長・変化したことを認める**ということです。

よく考えてみてください。この『人生を変える「本当の感謝」』という新しいタイトルの本を手に取り、読んでみようと思ったのも、あなたにとってそれ自体が「変化」なはずなんです。

ですから、例えば「今日、私はこうした感謝に関する本を読み、変化しようと試みていることは事実だ。その自分を認めてあげよう」というイメージですね。

そして小さなことでもなんでも良いので、それを発見し、日々書き出していくのです。これは継続が大切なので、ノートに書くか、ＰＣやスマホならメモ帳などに書いていくのがお勧めです。

とにかくどんな些細なことでもいいのです。私の場合はこんな感じでした。

・取引先に理不尽なクレームを言われても、感情的にならなくなった
・電車の中で、子供や学生が騒いでいてもあまりイライラしなくなった
・外注先に対して「仕事を出してやっている」という感覚から、「お手伝いしてもらっている」という心境になった
・人とぶつかってもにらまなくなった
・妻の文句や不機嫌に、過剰反応しなくなった
・他人とあまり比較しなくなった
・目先の損得で物事を判断しなくなった
・車の運転をするとき、道を譲るようになった

これを何日か継続していくと、以前より段々自分を好きになっていきます。そうなったらシメたものです。

なぜ、自分を好きになったほうが良いのか？

自分を好きにならない人が、他の人を本当に好きになれるはずがないからです。

かくいう私も、自分のことがあまり好きになれませんでした。

なので、お恥ずかしい話ですが、若い頃は本当に他の人を好きになったことがないよ

うな気がします。だから付き合っていた女性にもいきなり振られてしまったのかもしれません。

また、人前では自信ありげにみせることはありましたが、内心では「自分なんて、たいしたことない」と思い、しかもそれは謙虚な考えで悪くないことだと思っていました。

しかし、それはとんでもない間違いだということに気がつきました。

自分自身をまず素晴らしいと認めることこそ、「本当の謙虚」なのです。

なぜなら、自分をつくったのは、自分ではないからです。自分の心臓を動かしているのは、自分ではないからです。両親がいなければ、いまのあなたは存在していません。

そして、究極の原点である「宇宙」がなければ、地球も生物も何も生まれていないです。

だから、自分を認めてあげることは、両親を認めることになり、宇宙への感謝にもなる、つまり本当の感謝につながるわけです。

美点発見とは、人間関係を良くする究極の方法ですが、実は、その奥には、「本当の感謝」＝「両親への感謝と宇宙への感謝」があります。

そして、**美点発見とは、相手に本当の感謝を伝える行為**に他なりません。

ですので、まず自分の美点発見をやってから、次は会社や家族、日常生活の中で出会う人達への美点発見をやっていきましょう。

美点発見のやり方

あなたの家族を含め、知っている人の名前を挙げて、その人の長所を最低20個以上挙げます。できれば、最初は普段よく顔を合わせている人が良いです。

その人のことを思い出しながら、性格、外見、服装、日頃の行動や言動について、自分が良いと思うことを、ノートやメモ帳（PC・スマホ）に書き込んでみましょう。これも最初は誰かに見せるわけではありませんので、思いつくまま書いてみるのです。

最初は仲の良い人でもいいですが、**美点発見が効力を発揮するのは、仲の良くない場合、距離感がある関係の場合**です。

その場合は、ステップ1のように、まず「ゴミ出し」から入ると良いでしょう。

私の美点発見の体験談を紹介します。

私は、起業後しばらくして売上が伸び悩んでいたころ、食べていくために、ある会社の業務代行を請け負ったことがありまして、その時の取引先の担当者の話です。

その方は、いわゆる「ダメ出し」を遠慮なく、しかもわりと大きい声で言う方で、正直打ち合わせするたびに私は凹んでいました。頭の中では「うちの会社のために良かれと思って言ってくれているのだ」と言い聞かせても、「何もそんな言い方しなくても」と感じていました。
そこで、その担当の方を対象に、「ゴミ出し」と「美点発見」をしました。

【ゴミ出し】

・なんで文句やクレームばかり言うんだよ！
・ミスなく要望通りに完璧にやっているじゃないか、何が不満なんだよ！
・いつもしかめ面で偉そうな顔をしやがって。ふざけるな！　バカヤロウ！
・そんなの契約に入ってねぇよ
・絶対に人を褒めないタイプなんだな！

【美点発見】

・そういえば、いつもお茶やコーヒーを出してくれる
・たまにとても優しい顔をする
・ちゃんと敬語を使ってくれている
・奥さんや子供のことは大事にしている。きっと家では優しい父親なんだろうな
・いつも期日までに支払いをしてくれる

・ずっと契約を継続してくれている
・自分に対するクレームや文句は、私の会社にもっと良くなってほしいという思いからなのかも

そして、美点発見で出てきた言葉を、短いメッセージにして訪問した時に伝えてみることにしました。

「これはお世辞ではない。心の底から湧き上がった**本当の感謝の言葉**なのだ」と言い聞かせ、照れずに、相手の目を見て堂々と、

「○○さん、いつも、真剣にアドバイスをくださり本当にありがとうございます。いまさらですが、私の会社が厳しい時にずっと契約を継続してくださり、心より感謝をしています。本当にありがとうございます」と心を込めて伝えました。

するとその担当の方は、少し照れくさそうに「いやいや。こちらこそありがとうございます」と、笑顔で返してくれました。

その方から「ありがとう」と言われたのは、取引をして初めてのことでした。

この時から、何かが変わりました。

その後もいろいろ厳しい意見を言われましたが、あまり高圧的な態度ではなくなり、

美点発見シート記入例（クレームが多い取引先の担当者を思って私が書き出した内容）

❶ 時間の約束は必ず守る
❷ いつも月末にきちんと支払いしてくれる
❸ 笑うと優しい顔になる（いつもは眉間にシワ）
❹ 奥さんと娘さん思い
❺ 部下に厳しいが、自分にも厳しい（責任感）
❻ 仕事ができる
❼ 仕事にプライドを持っていそう
❽ いつも清潔にして高そうなスーツを着ている
❾ 怒っても引きずらない
❿ いつも怒っている部下を褒めていた
⓫ 訪問するといつもコーヒーやお茶を出してくれる
⓬ リーマン不況の時も契約を続けてくれた
⓭ 男気がありそう
⓮ 口は悪いが、正義感は強そう
⓯ クレームや注文が多いが、敬語である
⓰ 健康に気をつかっている
⓱ タバコは吸うがマナーは守っている
⓲ 見栄ははらないタイプ
⓳ 口が悪いのは正直だから？
⓴ 勤続20年で根気があり、社長からの人望が厚い

「山田さんとこのサービスはミスがないし、対応も早くて満足しています。ただ、こちらの期待以上の部分までやってくれるのが本当のプロだと思います」

というように言い方も穏やかで丁寧になり、私の会社のサービスの良い点も挙げてくれるようになったのです。

自分としては、単なる外注先から対等のビジネスパートナーとなったと感じました。

そして、**何より変わったのは自分自身です。**

「自分はいかに、人間のある一面しか見ていなかったか」ということです。その担当者がダメ出ししてくる姿だけをみて、この人は委託先をアゴで使うタイプ＝私とは相性が悪いと勝手に思っていましたが、美点発見で本当の感謝を伝えたら、「なんて笑顔が優しい人なんだろう」というようにその人の見方が１８０度変わってしまったのです。

その後、徐々に私の本業が忙しくなり、一旦契約を終了することになりました。その担当者とはしばらく音信不通だったのですが、あるとき、突然電話がかかってきました。要件を聞くと、

「お忙しいことは重々承知しているのですが、またお手伝いいただけないでしょうか」

という再契約のオファーでした。正直びっくりしました。

なぜかというと、以前とは違う人かと思うくらい、声のトーンが優しくて、言い方もものすごく丁寧だったからです。電話だからということもあるかもしれませんが、以前の高圧的な口調の彼とは明らかに異なっていたのです。

とてもありがたい話だったのですが、今は請け負っても完璧に遂行できないということで、丁重にお断りしました。そうしたら、最後に彼はこう言ってくれたのです。

「山田さんの会社の成功を心から祈っています」と。

この時、私はこの担当者の真我を感じて、心から感動し感謝しました。

実は、こうしたことは、前述したようなケースだけでなく、会社内、家族、親族、友人、学校、社会のコミュニティなどでも同じようにあります。

これを佐藤先生は、**「満月の法則」**と呼んでいます。

つまり、「三日月」のとき、こちらからは月は欠けて見えますが、実際の月は何も欠けていません。常に「まん丸」です。これはすべての人間関係に当てはめることができるわけです。

そして、美点発見は、どんな苦手な相手でも「満月」に捉えることができるようになる、究極の人間関係構築法なのです。

「褒めること」と「美点発見」の違い

褒めることは、例えば、上司が部下を褒める、親が子供を褒めるなど、目の前に自分と相手がいることで成り立ちます。一方、**美点発見は、一人でもできます。**誰かを思い浮かべながら、例えば、夫や妻を思い浮かべながら、良いところを一人で紙やノートに書いていきます。

たくさん書けば書くほど、自分のボキャブラリーになります。自分のボキャブラリーになると、自然と言葉に出てきます。そうすると、失言がなくなります。

褒めるというのは、本当に思っていなくても褒めることがあります。**美点発見は、相手の素晴らしい点を「そうだな」と思って口から出します。ですから、自然と迫力が出ます。**

また、後輩や部下が先輩や上司の美点発見することもできます。部下が社長に「立派ですね」と言ったらなんとなく失礼ですが、社長に「こういうところを尊敬します」と言う美点発見は、部下が社長にすることもできます。

究極の美点発見で、全身のがんが消えた本当の話

これは、佐藤先生が開設したＹＳこころのクリニック（宮島賢也 院長）に、悪性リンパ腫で全身がんの方（Ａさん）が訪ねてきた時の話です。

Ａさんは、最初**「私はすべての面で最悪なのです」**と落ち込んでいました。

彼には、奥さんと子供がいたのですが、離婚しました。その離婚の原因は、以前自分の父親が提供してくれた土地に家を建て、そこに家族で暮らしていたが、父親が誰かに

騙されて土地ごと全部持っていかれてしまった。それで奥さんの親ともうまくいかなくなって、離婚になってしまったそうです。

さらに、子供の養育費を払っていたのが、奥さんから養育費も送らなくていいと言われ、子供との絆もなくなった。これが相当ショックだったそうです。

そんなとき、全身にがんが見つかり、あと数か月の命だと医者に言われたということです。

佐藤先生はそれを聞いて、Ａさんになんと言ったか。

「あなたは素晴らしい家族に恵まれているじゃないですか。だってそうじゃないか！あなたの親はあなたに土地まで提供して家を建ててくれて、たまたまお父さんは人がよくて騙されただけじゃないか、なんていいお父さんなんだ。奥さんの両親だって、自分の可愛い娘や孫が心配で怒るのが当たり前じゃないか。別れた奥さんも普通ならもっと金をくれというのが、お金をいらないと言って、あなた治療に専念できるじゃないか。恵まれているじゃない！」

さらには……

「Ａさんも本当に素晴らしい。だってそうでしょ。普通は別れた奥さんからもう養育

費はいらないと言われたら、喜びますよ。でもあなたは、自分のお金や生活のことよりも、別れた奥さんやお子さんの生活を気にかける、なんて心の優しい男性なんだ！」と真剣に語ったそうです。Aさんは最初びっくりしていたそうですが、ボロボロ涙を流していたそうです。

これぞ、究極の美点発見です。

それから半年後、Aさんはどうなったか。

なんと、全身に転移していたがんはすべて消えて、医者から半年に1回定期検診に来ればいいと言われたそうです。

Aさんは、入院中に毎日、佐藤先生のセミナー音声を聞いたり、本を読んだり、ワーク（本書第2章の一部）を実践していく中で自分の考えが変わっていき、心の底から両親や家族、そして自分自身への本当の感謝を体感したそうです。

それが、がんの完治と科学的にどういう因果関係があるのかはわかりません。

しかし、**現代の医療では完全にお手上げだった重篤ながんが、美点発見をきっかけに完全に消えたという事実そのものは、誰にも否定できない**のです。

さらには、このAさん、退院後、すごくいい会社から引き抜かれて、現在はとても幸せに暮らしているそうです。

ステップ3

正しいと思っている価値観と執着心を捨てる！

ここでいう価値観とは、例えば「自分はこういう人間である」「あいつはこんな人間に違いない」、「人（男・女）はこうあるべきだ」「自分の仕事のやり方が正しい」、あるいは国や宗教でいえば、「自分の国（私の宗教・文化）が正しい」というようなものです。

自分の中にある「執着心」といっても良いでしょう。

実は、世の中の戦争や争いのほとんどはすべて、この「自分が正しい」という執着心から始まっているのです。佐藤先生は言います。**「自分が正しいと思った瞬間からすべての間違いが始まる」**と。

かくいう、私も執着心の塊のような人間でした。例えば、「男は金持ちになって、高級車に乗って、立派な家に住んで、出世して、社長か幹部になり、成功しなければならない」とか。「女は黙って男の言う通り、従ってついてくるもの。だから男は経済力があり強くなくてはならない」とか。だいぶ古いですが、35歳頃まではこんな感じでした。以前は、こだわりは誰にでもあるし、ある意味それも個性だし、良いのではないかと思っていました。

確かに、人がどのような思想や価値観を持とうが自由なのですが、もし、あなたが今後、周囲の人間関係を良くしてすべてを味方にして、本当の自分で生きたいというならば、この執着心を1回捨てたほうが良いのです。

なぜなら、**この執着心こそが人間を不安にし、恐怖心のもとになる**からです。

例えば、私の場合でいえば、「成功して金持ちにならなければならない」「金持ちにならなければモテないし、幸せになれない」というような執着がありました。

転職してそこそこにうまくいっていた時は、「やっぱり男は金だ」みたいになり、高級外国車に乗ったり、キャバクラに行ったり、調子に乗っていました。自分としては、それは「成功体験」になるわけです。

ですがその数年後、実質的なリストラに遭い、初めて大きな挫折を味わいます。

そんな状態の時にでも、「成功して金持ちにならなければならない」という価値観と執着心がこびりついている私は、著名な成功哲学書や心理学の本を読み漁りました。ところが、どんどん落ち込んでいくばかり。

それは、**成功哲学が説く「あるべき成功者の姿」と現実の自分との間に大きなギャップ**を感じ、こんなことで落ち込んでいる俺はきっと精神も弱く、ダメなやつだと、自分を卑下するようになっていったからです。

しかし私は、その後運良く真我に出会ったことで、この学生時代からこびりついていた執着心を思い切って捨てることができました。

【私が捨てた価値観・執着心】

・成功者は高い年収を達成しなければならない
・貧乏人やホームレスは単なる負け犬
・人生に勝ち組と敗け組がいる。勝ち組にならなければならない
・男は人前で泣いてはならない
・リーダーは部下より優秀でなければならない
・男は家庭より仕事を優先すべきである
・両親へ感謝しなければならない
・やりがいや生きがいを持たなければならない

もちろん20年以上も潜在意識の中に組み込まれていたわけですから、一朝一夕では消えません。ですが、これも何度か紙に書いては捨てるという作業を繰り返すことで、「成功して金持ちになる＝幸せ」ではないということに心から気がついたのです。

この時、なんと心が軽くなったことでしょう。何かずっと背負っていた重荷が落ちたという感じです。また他人と比較する自分がいなくなり、妬みや嫉みもなくなって行きました。

するとやる気も出てきて、人と会うのも楽しくなりました（ちなみに私はかなりの人見知りでした）。そして、不思議なことに、数年後、**収入や資産は以前より増えていたのです。**「不思議なことに……」と書きましたが、いま振り返ると、なぜ、執着心を捨てたら、逆に収入が増えたのか？　その理由が今はなんとなくわかります。

以前の私は売上目標を達成すること、そしてその先に自分はリッチになりたい、自分の生活を良くしたいという願望がありました。

このとき、自分では気がついていなかったかもしれませんが、お客様との商談の中で、そうした願望が顔や雰囲気に出ていたのではないかと思うのです。それが自然に消えたことで、結果的に契約数が増えたのではないかと考えています。

これを、佐藤先生は**「成功哲学」**ならぬ、**「捨てる哲学」**と呼んでいます。また「よく結果はあとからついてくる」ということわざもありますが、いまでは本当にそうだなと確信しています。

いかがでしょう。皆さんにも多かれ少なかれ、何らかの執着心はあると思います。ですので、ここでまた一度自分がこだわっていることを紙に書き出してみてください。

「〜しなければならない」「〜であるべきだ」という感じで、これも思いつくまま、これまでの過去を振り返り、思いっきり書き出してみましょう。きっと、何か少し心が軽くなっている自分が出てくるはずです。

ステップ４

感謝を掘り起こし「本当の感謝」を引き出す！

今度は、これまで両親、家族、親族、友人、仕事仲間から感じた愛、記憶、思い出などどんな小さなことでも良いので、すべて紙に書き出します。

このワークで必ずしもすべての人が真我を引き出せるというわけではありませんが、私の場合は、これからご紹介する**「感謝の掘り起こし」**を実践したことで、真我を引き出し、本当の感謝を体感することができました。

やり方は簡単です。ステップ1同様、思いつくまま、素直に書き出します。

できるだけ両親から進めることをお勧めしますが、両親以外でもＯＫです。

（こちらも本ページ記載の「感謝の掘り起こしシート」を本書公式サイト（https://peraichi.com/landing_pages/view/pdf-worksheet ２２２ページにＱＲコード掲載）よりＰＤＦをダウンロードして印刷していた

だくか、白い紙を用意してください）

【感謝の掘り起こしの例】

・小さい頃、高熱を出したとき、病院に連れて行ってくれた
・誕生日にケーキを買ってくれた
・勉強ができない時、心配して一緒に宿題を見てくれた
・小学生の頃、一緒にキャッチボールしてくれた
・中学生の時、深夜遅く帰った時に殴ってくれた
・毎朝お弁当をつくってくれた
・卒業まできちんと学費を払ってくれた
・いつも部屋を掃除しなさいと叱ってくれた
・若い時は、ふらふらして心配ばかりかけました
・子供の時、どこも旅行に連れてってくれなかった
・いつも不機嫌で怒鳴り散らしていた
・何かあると、母さんに八つ当たりしていた
・本当は寂しかったんだよ、父さんにもっと褒めてほしかったんだ！

【ステップ4 感謝の掘り起こしワーク】

あなたが誕生してから現在までに、両親・家族・配偶者、子供、親類、友人、取引先、上司、同僚・恋人などから一人選んで、愛を感じたこと、親切にされたり、世話になったり、嬉しかったり、楽しかったことなど、思いつくまま、具体的に書き出してください。（できれば最初はご両親からやってみましょう。なぜならあなたの原点だからです。）
＜例：お母さん＞
・学生時代はいつも朝早く起きてお弁当を作ってくれたね。
・子供の頃、高熱を出した時、お医者さんに連れてってくれましたね。

それをじっくり集中し、時間（まずは30分くらい）をかけて、何度も感謝の掘り起こしシート、もしくは白い紙に書き出します。

ちなみに、私はこれを真我開発講座で2〜3時間くらい徹底してやりました。これもとにかく、あまり考えず、ペンを休めず書き続けることです。同じ内容を繰り返して書いてもOKです。心に浮かんだことをそのまま書き出します。

ただ、その際、1つだけポイントがあります。愛情を感じた記憶や思い出には、最後に**「〜（して）くれた」と語尾をつけてみてください。**

そうすると、人によって反応やメッセージは異なりますが、ふと、こんなふうに思う瞬間が出てきます。

私の場合は、

「なんだかんだ俺は、父と母から愛されていたんだな」

「あのとき叱ってくれたのは、私への愛だったのか……」

「きっと、親父も寂しかったんだ」

「家族のために、毎日会社へ行ってがんばって働いていたんだ」

「お袋は、毎朝、どんな気持ちでお弁当をつくってくれてたんだろう」

「自分で働くようになってわかったけど、きっとつらいことも多かったんだろうな」

なのに……俺はいつも文句やワガママばかり言っていた。

というような気づきと感情でした

そして、そうした感情が少しでも浮かんできたら、その気持ちを「両親への手紙」として書いてみましょう。「手紙」といっても、ここでは相手に見せたり、渡すものではありません。あなたの心の中の気持ちを、ただ紙に書き出してみるという作業です。

父親、母親どちらから書いてもOKです。書式も自由ですが、もし何から書いてよいかわからないという方は、次ページの「両親への手紙『お父さん』（サンプル）」を参考に、黒字部分をそのまま白い用紙に書き写しながら、赤字の部分はご自身の思い出や記憶を書いてみてください。また、同じことを繰り返し書いても大丈夫です。


最初すぐには何も感じてこないかもしれません。でも大丈夫です。何の問題もありません。

私のように、いずれかの親とわだかまりがある人や関係性が薄い・仲が良くないと感じる人は、何度か「心のゴミ出し」をしてから取り組むのも良いでしょう。

佐藤先生は言います。「最初、感情が入らなくても形から入っても大丈夫。**なぜなら、**

両親への手紙「お父さん」（サンプル）

これまで、お父さんが私にしてくれたことは、親だから当たり前と思っていたけど、あれは無償の愛だったんですね。あぁ今まで気がつきませんでした。
本当にごめんなさい。

・小学生の頃、成績が悪い時やいたずらした時は叱ってくれました。
・中学生の頃、無断で深夜遅く帰ったときは思いっきり殴ってくれました。
・会社を転職する時は、「大丈夫なのか」と心配してくれました。

毎朝早く起きて会社に行って一生懸命働き、卒業までちゃんと学費を払ってくれました。親だからそんなことは当たり前だと思っていましたが、そうではなかったんですね。

どういう思いで、私や家族のために働いてくれていたのか、私には心からわかってはいませんでした。

私の感謝は本当の感謝ではありませんでした。本当にごめんなさい。
ただひたすら、深い愛で見守ってくれていたのですね。お父さん、本当にありがとう。

（あとは、お○○さんがしてくれたことや、一緒に過ごした時間などを思い出しながら、お○○さんからの愛や感謝を感じたこと、思い出などを素直に書き出して、その思いを心の中で思いっきりお○○さんへ伝えてあげてください。）

何度も書いているうちに自然とそのような感情になってくるからです」

そして、小さい頃からいままでにお父さんやお母さんがあなたにしてくれたことを思い出し、それを書き出していくうちに、いずれ心の底から両親への深い感謝の気持ちが湧き上がってきます。

そして、今度は「お父さん、お母さんからの無償の愛に気づかずに自分勝手なことばかり言ってごめんなさい」という贖罪のような気持ちとが、深く入り混じった感情が自然と湧き上がっています。

私の場合は、そのときふと涙があふれてきました。自分でもなぜ泣いているのかわかりません。

佐藤先生曰く、**そのあふれた涙は、両親への感謝と贖罪の気持ち、そして「本当の自分に出会った喜びの表れ」**だということです。

そして、さらに深掘りするために3分くらい黙想します。

軽く目をつぶり、心の中で思いっきり、背中をさするような気持ちで「お父さん、お母さん、ありがとう！」と何度も叫んでください。

そのあと、今度は「お父さん、お母さん、ごめんなさい」と心の中で叫んでください（これまでの自分のいたらなさに申し訳ないという気持ちで）。

これを続けていくと、心の底から自然と熱いものがこみ上げ、また涙があふれてきます。中には号泣してしまう人もたくさんいます。

この時の心が「真我を引き出した状態」であり、心の地下から「黄金」が吹き出した瞬間です。

ただ、必ずしも「涙を流す＝真我を引き出す」というわけではありません。涙が出なくてもＯＫです。人によって様々ですが、「心の中で何か魂が大きく揺さぶられる瞬間」

といってもよいでしょう。

この方法は**「内観光受《ないかんこうじゅ》」**と呼ばれ、佐藤先生が生み出した画期的な真我開発法の1つです。

「心の一番内側を深く観て、光（感謝と喜び）を受ける」という意味で、言い換えれば、**両親や先祖、そして宇宙からの深い愛をいつでも心の底から感じることができる世界で唯一の方法**です。

ちなみに、この「内観光受」は、これまで40万人以上の方が体感されていますが、中には、宗教学に詳しい元キリスト教信者の方がいて、その方がこんなことを口にしたそうです。

「これは、キリスト教で言えば、『聖霊降臨』です。聖霊降臨は一生に1回しか体感できないと言われている、それをいつでもどこでも自分で引き出せるようになる内観光受はすごいです！」と。

真我を引き出す方法は1つではありませんし、時間や日数がかかる人もいます。ですので、実際にやってみて、先述のような感情や気持ちになれないとしても、それは全く問題ありませんので、安心してください。実際、佐藤先生が主催されている「心の学校

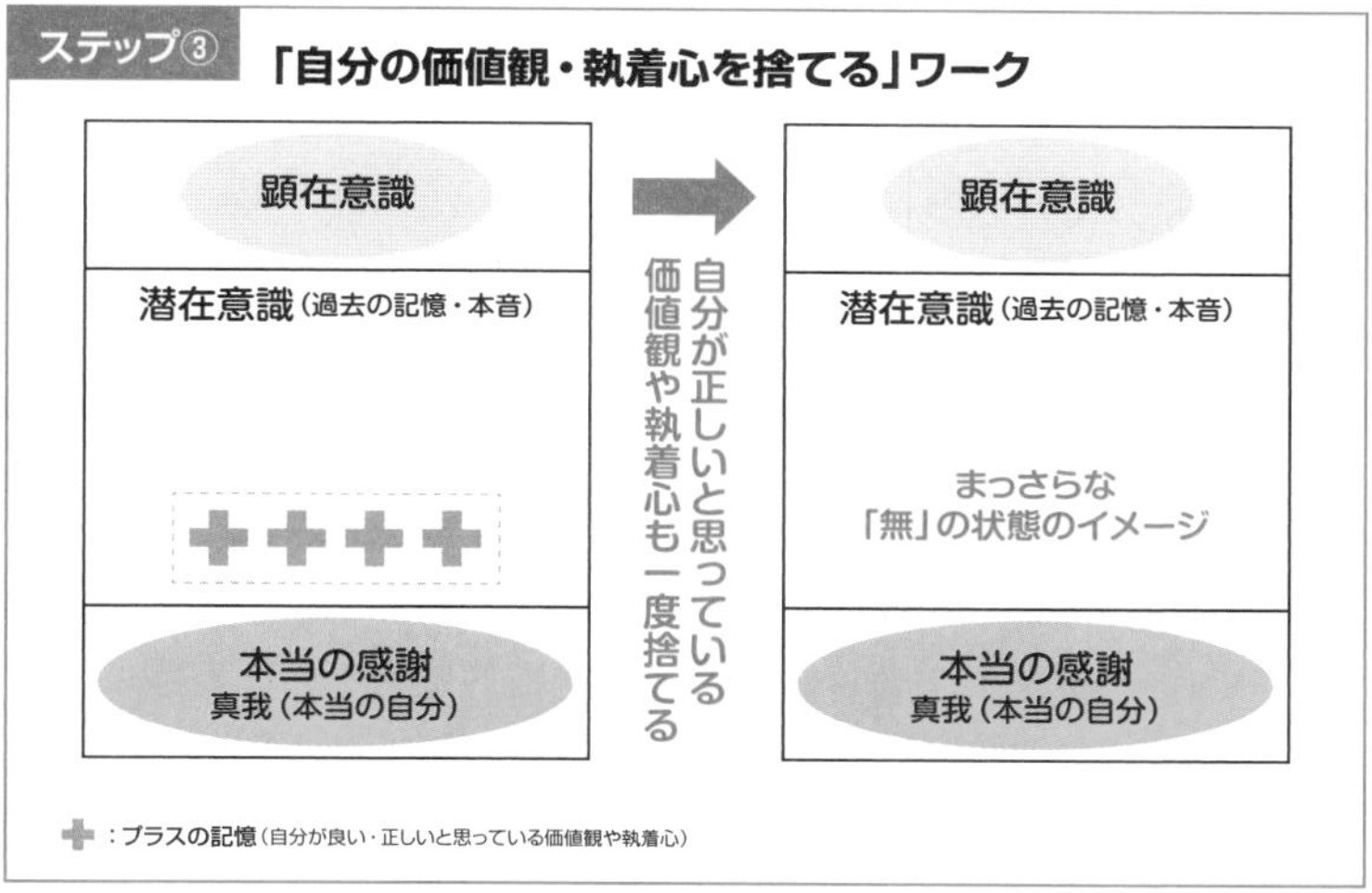
ステップ③
「自分の価値観・執着心を捨てる」ワーク
顕在意識
潜在意識（過去の記憶・本音）
本当の感謝
真我（本当の自分）
自分が正しいと思っている
価値観や執着心も一度捨てる
顕在意識
潜在意識（過去の記憶・本音）
まっさらな
「無」の状態のイメージ
本当の感謝
真我（本当の自分）
：プラスの記憶（自分が良い・正しいと思っている価値観や執着心）

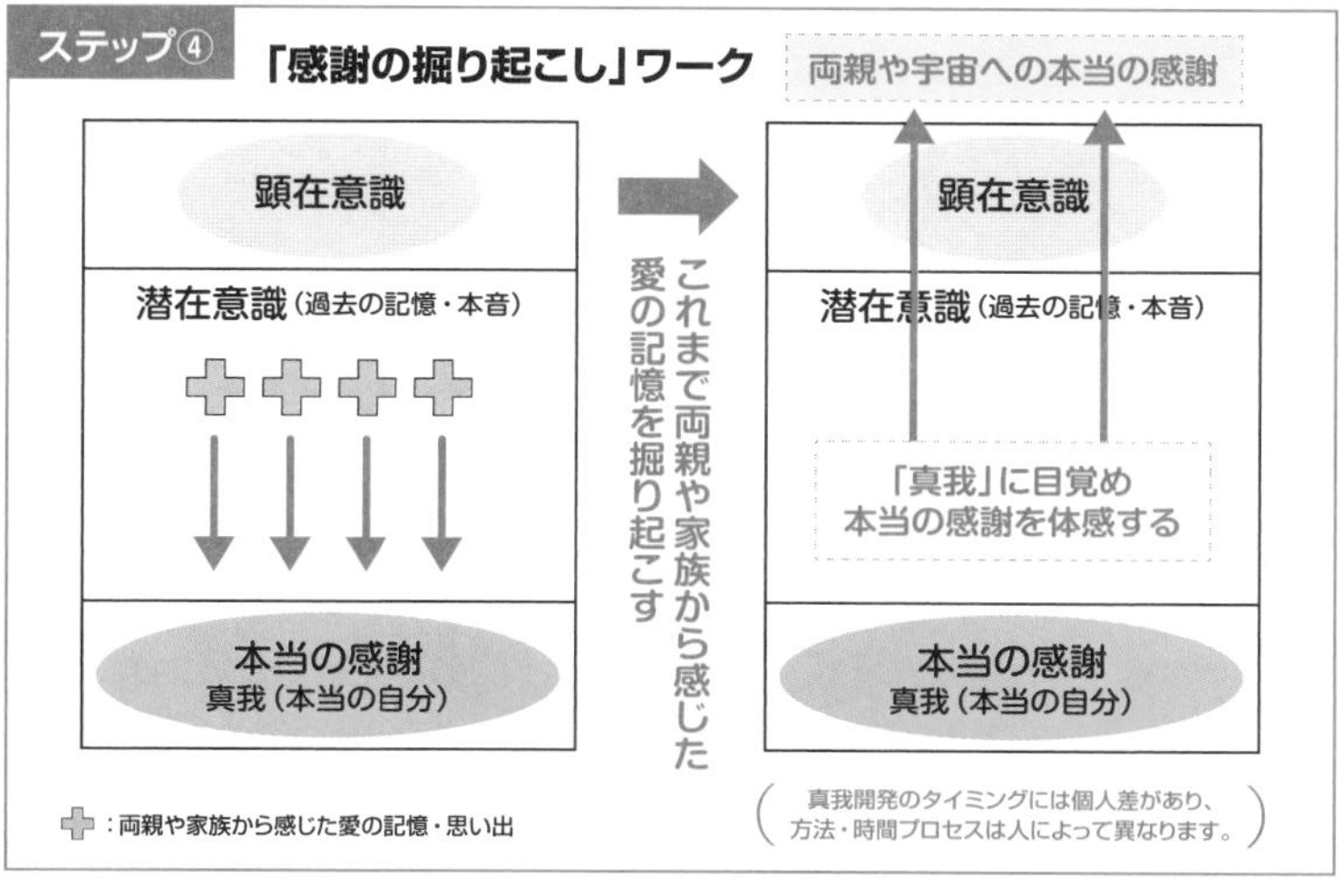
ステップ④
「感謝の掘り起こし」ワーク
両親や宇宙への本当の感謝
顕在意識
潜在意識（過去の記憶・本音）
本当の感謝
真我（本当の自分）
これまで両親や家族から感じた
愛の記憶を掘り起こす
顕在意識
潜在意識（過去の記憶・本音）
「真我」に目覚め
本当の感謝を体感する
本当の感謝
真我（本当の自分）
：両親や家族から感じた愛の記憶・思い出
真我開発のタイミングには個人差があり、
方法・時間プロセスは人によって異なります。

文章だけだとなかなかわかりにくい部分があるかと思い、各ステップのワークの意味とイメージを図解にしたので、よろしければ参考にしてください。

【コラム】

第1章でご紹介した、子供の頃両親に捨てられ憎んでいた女性が、なぜその両親に本当の感謝を感じるようになったのか？　その最初のきっかけは「心のゴミ出し」です。

当然、私は直接そのゴミ出しの場面を見てはいませんし、実際にどんなゴミ出しをされたか想像できませんが、もしも自分だったら……、

・なぜ、私を捨てたのか？
・なぜ、いまだに私を一度も探しに来ないの？
・どれだけ、つらい思いをしたかわかるか？　わかるわけないよね！
・何度死のうと思ったことか！
・お前達はそれでも人間か！
・捨てるくらいなら、なぜ自分を生んだんだ！

・街で楽しそうに歩いてる家族や親子をみるたびに死ぬほどつらくなる気持ちがわかるか！

というような怒りの気持ちがふつふつと湧いてくると思います。

もちろん、そのような境遇で育った方の場合は、短時間で一気にすべてのゴミを吐き出すのは難しいことでしょう。数日・数か月かかる方もいらっしゃいます。

でも、何度もこれを繰り返して、すべてを吐き出した瞬間、ふと、不思議なことに一度も会ったことがない両親の顔が浮かび、お父さんやお母さんからの声が聞こえてくるそうです。

それは、どのようなものかというと、「本当はどれだけ自分を愛していたかという親としての無償の愛」、「でもそれを子供に伝えなかった、できなかったことに対する親としての後悔・懺悔」の言葉です。

そして、それを少しずつ何度も深掘りしていくと、あれだけ憎んでいた両親へ心からの感謝が生まれてくるのです。

ステップ5

「成功と幸福を呼ぶ言葉」で意識次元をアップ

ここまで、あなたが自宅で真我を引き出し本当の感謝を体感・実践するための具体的な方法をお伝えしてきました。

ただ、ステップ1～4までは、基本的に静かな部屋で集中して行うワーク形式なので、どこでも気軽に実践できるというわけではありません。

そこで、最後に日常どこでも真我を体感できる簡単な方法をお伝えします。

それが、**「成功と幸福を呼ぶ言葉」**です。

これは、いまから30年以上前に佐藤先生の突然のインスピレーションから誕生した、真我を初めてわかりやすく「言語化」したものです。

実は、私がこれを初めて聞いたのは、23歳の時（いまから約30年前）です。セミナーの録音テープ上ですが、この時、間接的ではありますが、佐藤先生とお会いしていることを考えると、本当にご縁というのは不思議なものと感じます。

30年前ですので、セミナーの詳細な内容は忘れてしまったのですが、その中で唯一いまでもはっきり覚えているのが、この「成功と幸福を呼ぶ言葉」です。

まさに**言霊（言葉から出るエネルギー・魂）**です。

この言葉を読んだり、聞いたりするだけで、人生が変わったという人が大勢います。私もなぜかわかりませんが、この言葉を読んでから商談やプレゼンに臨むと、ほとんどうまくいきます。

そんな「成功と幸福を呼ぶ言葉」にまつわるエピソード（実話）をご紹介します。

暗黒時代の名門高校野球部に起きた奇跡の復活

これは、愛知県のある高校野球部で実際にあった話です。

この高校は、いわゆる地元の名門校で、特にスポーツでは著名なアスリートを輩出していることで有名です。

野球部も、戦前から甲子園の常連でありながら、なぜか近年は甲子園にも出場できず、県予選突破もできない状態が続いてしまいました。まさに暗黒の時代です。

ですので、野球部がずっと勝てないことに、学校のトップや関係者は頭を悩ませていたそうです。設備も指導者も一流で、練習量も他の優勝校に勝るとも劣らずやっているのに勝てない。

これはメンタル面の問題なのでは？　そう考えた首脳陣は、佐藤先生に高校野球部のメンタル強化を依頼したのでした。

佐藤先生は快く引き受け、最初の野球部員とのミーティングの際に開口一番、こう伝えたそうです。

「君達は、ジャイアンツと試合したとしたら勝てると思うか？　勝てないと思っているから、勝てないだけじゃないのか？」

「初めから勝てないと思っている、そう思い込んでいる。だから、勝てないんだ！」

そして、当時、まだ手書きだった「成功と幸福を呼ぶ言葉」を読み始めました。

これに感動した野球部員達は、佐藤先生の話が終わるや否や、「成功と幸福を呼ぶ言葉」が欲しいと駆け寄ってきたそうです。

これをきっかけに、この野球部は大きく変化をしていきます。

そして、当時の野球部監督だったＯ監督から佐藤先生にこんな報告の電話が入ります。「生活態度が前と全く変わって、驚いています。食事前にも、佐藤先生の『成功と幸福を呼ぶ言葉』を自主的に読んでから食事をするようになっています！」と。

そして、その数か月後、この野球部は甲子園に10年ぶりに出場を果たし、決勝戦まで進みます。この時、惜しくも相手校に敗れましたが、見違えるように強くなったのでした。

その後、Ｏ監督からお礼の電話をもらったとき、佐藤先生はこう伝えたそうです。

「もちろん、試合に頑張った生徒は素晴らしい。しかし、Ｏ監督も素晴らしい。この成果を決して自分の手柄にしない。この精神が素晴らしいのです。**人間は、得てして自分の手柄にしたいものです。しかし、黄金の雨を天に返す。この態度が、いずれさらなる黄金の雨を降らせることになってきます」**

そして、それから数年後、この言葉通りのことが実際に起きます。

ある夏の甲子園。

この高校野球部は死闘の末、ついに念願の優勝を果たしたのです。そして、この時の監督は……そうＯ監督です。

しかも、この試合は甲子園の名勝負として、日本中が感動し、大会史上語り継がれる伝説の試合となりました。まさに「黄金の雨」が降り注いだのです。

「成功と幸福を呼ぶ言葉」を読誦する

いかがでしょう。

「成功と幸福を呼ぶ言葉」をきっかけに、このような奇跡のような出来事がなぜ起こるのか?

科学的な証明は難しいですが、鍵は「言葉の中身と音読」にあると考えられます。

第1章で、人は感謝の心を持ち、それを伝えることで、脳内から体に良い作用を与える物質「ドーパミン、セロトニン、オキシトシン、エンドルフィン」が分泌されるという話を紹介しましたが、この「成功と幸福を呼ぶ言葉」は、これまでお伝えしてきた「真我=本当の感謝」を言語化したものです。

ですから、**この言葉を読むだけでも、体に良い脳内物質が自然と分泌されている**ことは十分に考えられます。上記の実話でいえば、それが結果的に野球部員のメンタルとやる気に刺激を与え、行動につながったとも考えられます。

さらに音読については、脳科学者の中野信子さんが、著書『科学がつきとめた運のいい人』の中で「運がいい」「ツイている」と声に出して言うことを勧めています。

人間が何かを記憶する時は、視覚・聴覚・嗅覚などの感覚器官を通して、大脳深部の

「海馬」という部位に「情報」が送られるのですが、この時、これは短期間記憶すべきもの、長期間記憶すべきもの、すぐに忘れて構わないものなどに判別されるそうです。

ですから、**「これは重要・大切」と言う情報や言葉はできるだけ多くの感覚器官を使った方が、記憶が強化されやすく、長期間に渡って残りやすくなります。**

要するに、単に心で思っているだけより、声に出すことで、長期間の記憶に関わる脳の細胞が活発に働き「脳に定着しやすくなる」ようです。

次ページに掲載したものが、実際の「成功と幸福を呼ぶ言葉」です。まずは、リラックスして、素直なまっさらな心で、一度読んでみてください。できれば、佐藤先生の音声と一緒に読むことをお勧めします。そして、声に出して読誦してください（「成功と幸福を呼ぶ言葉」の音声はhttp://axbee.com/sta/step5.htmlよりダウンロードできます）。

時には、これを読んでいるだけでステップ４の「内観光受」の状態になったりします。

最初は、できるだけ朝でも夜でも毎日、実践することをお勧めします。時間にしてたったの６分です。

もし、音読するタイミングや時間がない、電車の中やオフィスで音読は厳しいという方は、この言葉を読むだけでも、あるいは音声を聞くだけでもＯＫ。全然違ってきます。

「こんなの読んだって何も変わりやしない。単なる文字でしょ」と思って読んだらそ

成功と幸福を呼ぶ言葉（心の方針）

どんどん良くなる
ありがとうございます　ありがとうございます
あなたのおかげです　みなさまのおかげです
素晴らしいです　今が最高です
楽しいです　うれしいです　元気です
なんて幸せだろう　生きているって素晴らしい
やるだけです
私は現在より百倍の力を出します
力は無限です　やります
ほんとうにうれしい　楽しい　健康です
私はやさしい　あたたかい
もっと仕事をしたい　すぐやります
難しいことは一つもない
みんな仲間です　みんな好きです
私は人が大好きです
嫌いな人はひとりもいない
私のできることはなんでも言ってください
やるぞ　やるぞ　徹底的にやるぞ
今日一日が人生です
今を生きる　今しかない
今　現在持てるすべての力を出そう
すべてが新しい　すべてが生きている
私は世界でただひとりです
私は素晴らしい人間です
私は人の為になる人間です
私は全力で生きる　力を出しきる
今日やるべき仕事は今日中に全部やる
うれしい　楽しい　元気です
やる気　満々です　燃えてきた
昨日の悪かった点はすべて直します
私は素直だからできる
計画は全部書く　そしてその通り実行する
何もかも楽しい
本当にあなたのお蔭です
ありがとうございます　ありがとうございます
私は責任を持ちます　私は誠実です
私は約束を守ります　私は時間を守ります
私は実績をあげます　私は現場主義に徹します
お客様の喜びを自分の喜びとします
私は決めたことは最後までやりぬきます
絶対に負けません　喝！
私は人を動かします　素晴らしい方向へ
遠慮はしません
私は人を褒めます　自分自身も褒めます
私は人も自分も好きだからです
愉快です　人生は素晴らしい
ああ人の為に役立ちたい　喜ばれたい　感動したい
私に今の百倍の仕事をください
あっというまにかたづけます　本当です
私は燃えています　メラメラと
火の玉です　さあなんでもこい　どんどんやる
おもいきりやる　全力でやる　全ての力を出しきる
やるぞやるぞ
私は素晴らしい人に囲まれている
みんな大好きだ　もっと教えて下さい
私は成長する　私は向上する　私は進歩する
すべてが魂の修業です
私は心をこめて仕事をする
なぜならば我々は　愛の販売をしているからです
頭がスッキリしてきた
新しい知恵がどんどん出てくる
どんな難しいことでもさわやかに解決する
私は一分一秒を大事にする
なぜならば時こそ命だからです
人に喜ばれるアイデアがどんどん出てきます
ありがとうという言葉がきこえます　笑顔がみえます
お父さんありがとうございます
お母さんありがとうございます
兄弟（姉妹）の皆さんありがとうございます
家族の皆さんありがとうございます
親戚の皆さんありがとうございます
ご先祖の皆様ありがとうございます
お客様ありがとうございます
我が社の同志よ　ありがとうございます
電話をくださるすべての皆さん
ありがとうございます
訪問してくださるすべての皆さん
ありがとうございます
私を取りまくすべての皆さん
ありがとうございます
日本の人々よ　全世界の人々よ
ありがとうございます
私は皆さんを愛と感謝の気持ちで迎えます
私はやります
皆さんの喜んでいる顔が出るまでは
それが私の願いです
私の仕事は感動してもらうことです
仕事は神様です
なぜなら　みんながしあわせになるからです
人の為になるからです
私に生活を与えくれるからです
私に喜びと生きがいを与えてくれるからです
私は運がいい　本当にしあわせだ
私は人の役に立つ人間です
心の奥からやる気が出てきた
仕事の意義と目標が明確になってきた
私は世界一の明るい人間になる
私は世界一の勇気ある人間になる
私は世界一愛あふれる人間になる
一生懸命　一心不乱
ただひたすらコツコツと　周りの人々につくします
私がやらなきゃ　誰がやる
うれしい　ゆかいだ　やるぞ　やるぞ
もっと仕事をください　ありがたい　ありがたい
今日も一日素晴らしい日になります
なぜなら感動と感謝は
私自身の心が作るからです
ありがとうございます

れまでです。どうか単なる言葉でなく、「あなたの真我を引き出すエネルギー」として記憶に染み込ませるような思いで、読んでください。そして、日々継続してみてください。

必ず、あなたの心の免疫力と意識次元がアップしていきます。

SHINGA

第3章

誰でも人間関係を最高に改善できる「真我5つの習慣」

この章では、真我を日常の中で継続でき、
人間関係や運気を良くする簡単な方法と行動・思考習慣をご紹介します。
1個ずつでもいいので、やりやすいことから実践してみてください。

あなたが、素直に第2章の5つのステップを実践していけば、物事の捉え方、人に対する見え方が大きく変化し、人生が素晴らしい方向へどんどん好転していくでしょう。

それは、自分や家族にとって何か良いことが起こるとか、そういうレベルの話ではありません。もし、仮に良くないと思われることが起きても、「きっとこの出来事には意味がある」という捉え方が自然にできるようになっていくということです。

とはいえ、日々の生活の中で、周囲で真我を体感している人は、まだまだ少数です。ですから、最初は意識しないと「三日月」的な捉え方やこれまでの価値観に引き戻されてしまう場合もあります。私も最初はしばらくそうでした（ただし、一度引き出した真我が元に戻るということはありません）。

ですので、ここでは、**真我を日常の中で継続でき、人間関係や運気を良くする簡単な方法と行動・思考習慣**をご紹介します。

どれひとつ、お金も時間もかかりません。あなたにとってのデメリットやリスクはゼロです。効果がある・なしを考えず、1個ずつでもいいので、やりやすいことから実践してみてください。

真我の習慣１

何があっても「これでよかった」を口グセにする

ときどき、「真我を実践していけば、悪いことは起きなくなるか？」といった質問を受けますが、これに対しては「それはあなたの捉え方次第」ですと回答します。

例えば、何か大きな病気にかかったとします。これまでの常識で捉えれば「悪いこと」になるでしょう。

ですが、この病気がきっかけで、健康に気をつけるようになり、以前より健康体になった、夫婦や家族関係が良くなったという事例もたくさんあります。

この場合、必ずしも病気＝悪ではないはずです。

私の場合でいえば、うつ病になったことで、起業というチャレンジ精神が生まれ、真我というかけがえのない「本当の自分」に出会えたわけですから、いまでは、強がりではなく「うつ病＝悪」とは全く思っていません。

とはいえ、最初は苦しいでしょう、落ち込むでしょう、でもそれでいいと思います。その後、落ち込むだけ落ち込んだら、自分にこう言って聞かせるんです。「これで良かったのだ」と。

私も起業して、すべてが順風満帆だったわけではありません。最初の数年は、なかなか売上が上がらず落ち込んだりしましたし、なんとか早く儲けようとして４００万円の投資詐欺にあったりしたこともあります。

投資詐欺にあった時、悔しくて、怒りがこみ上げ、投資詐欺の加害者を訴えようとしました。そんな自分が情けなく、毎日やけ酒ばかりしていました。

当時、それほど収入の多くない中での４００万円の損失は、私にとってかなり大きな痛手でした。当然、妻にも家族にも誰にも言えません。

ですが、先ほどの真我の実践を繰り返す中で、以下のように心が変化していきました。

「世の中には、数千万、数億円レベルの詐欺に遭っている人もいる。４００万で済んで良かったじゃないか。というより、そもそも自分が手っ取り早く儲けようとしたのが発端。

世の中には、投資で儲けている人もたくさんいるけど、自分は違うタイプなんだ。これからは単なる儲け話や安易な投資に乗るのはやめよう。原点に戻るのだ、真我の心で、社会に役に立つ、お客様の喜ぶことを提供して、その対価として金銭をいただく。そう、だからこれで良かったのだ」と。

その後、私は俄然やる気を取り戻し、バリバリ仕事を再開しました。そして、妻にも思い切って正直にこのことを話しました。

最初はびっくりしていましたが、私を責めずにすべてを理解してくれました。私の個人的な気持ちですが、この時、私と妻との絆は深まったと思っています。

すると、数年後どうなったか。投資詐欺に遭う前より、収入も資産も3倍近くになっていたのです。最悪の出来事から、夫婦関係を深め、収入・資産を増やすきっかけをくれた出来事というように変わってしまったのです。

そういう意味では、今回の新型コロナの問題も同じかもしれません。

コロナウイルスは恐ろしい、人類の敵、戦後最悪の出来事、と多くの人が感じています。ですが、これを良い方向に向かわせるのか、悪い方向に向かわせるのかを決めるのは「コロナ」ではありません。私やあなたの「心」なのです。

真我の習慣2

「迷ったら近づけ」の精神

私達は、いわゆる洪水のような情報の中で、日々生きています。

そんな中、いろいろな出会いがあり、そこで様々な判断や決断を迫られる場合もあります。どちらの道に進んだら良いのか、または、やるべきか、やらないでおくべきか、迷ってしまうときがあります。

そんな時は、あまり考えすぎると、頭の中で妄想が膨らみ、身動きがとれなくなってしまうことが多いのです。そういう時は「迷ったら近づけ」の精神で、とにかくやってみるということです。

頭の中だけで考えているのでは結論が出ません。まず、やってみることによって、はっきりと答えが出るのです。迷ったら、まずその対象に両足を踏み込み、実行することで答えがはっきり出ます。

ただ、その場合、**自分がどういう心で踏み込むかがとても重要**になってきます。

・表面的な損得勘定をベースとして、踏み込むのか
・過去の経験や教えによってつくられた自分の価値感をベースとして踏み込むのか
・それとも、究極の本音である真我の心で踏み込むのか

その本音の度合いによって、本当の自分に相応しい答えが、結果として示されてくるのです。つまり、**「迷ったら近づけ」とは、真我の心で、思い切って踏み込む**、ということなのです。

私の結婚の例でお話しましょう。

私は44歳で結婚しましたが、42歳頃から、野球の「打席に多く立たなければヒットもホームランもない」の精神で、たくさんの女性に会ってみようと決めて、できる限り飲み会等（いわゆる婚活）に参加するようにしました。

ですが、なかなか交際・婚約に至りません。自分の理想が高いのか？　単にモテないのか？　正直悩んだこともあります。

そこで、真我の気持ちでいま一度自分に問うてみたのです。

・女性を表面的な部分だけで見ていないか？

↓外見や職業ばかりを中心に見ている自分がいました。

・女性とはこうあるべきという執着が強すぎないか？

↓自分より一歩下がって、ついてきてくれるような女性というこだわりがありました。

そう、なんてことはない、自分は女性に対する執着や価値観（容姿・年齢・性格・仕事内容など）が強いことがわかったので、これを思い切って捨てたのです！

女性に対する執着心を捨てることで、お会いする女性と飲み会での会話が弾み出し、面白くなってきました。そんな中、出会ったのが、いまの妻です。

最初会った時の印象は、それまでにあまり出会ったことがない初めてのタイプの女性だということでした。

ですが、とても話が楽しいのです。一緒にいると落ち着くのです。そして、何度か飲みに行ったあと、交際することになりました。

そのあとの行動は自分でも信じられません。自分は交際から結婚するまで、最低でも

1年以上かかると思っていました。それくらい結婚については慎重でした。

ですが、交際たった3か月でプロポーズすることにしたのです。なぜ、そんなに早くプロポーズしたのか？　自分でも正直わかりません（笑）。

あえて言えば、自分の中の直感のようなもので、「この機会を逃したら、一生結婚はないかも」という思いがありました。そして、ふと出てきたメッセージが「迷ったら近づけ」でした。

これは結婚に対して、妥協したとか、安易に考えたということでは決してなく、自分の中の本当の自分からみて踏み込んでみようと、決心しました。

あと、**「もし結婚してどうしても合わないなら、その時考えればいい。どうにでもなる」**というように、自分の中で一度、最悪の状態を受け入れたのです。

その後、プロポーズもなんとか成功し、籍を入れることになります。それから約8年が経ちました。

結婚当初は、生活感の違いや戸惑いから、色々な衝突や言い合いもありましたが、いまではとても仲良く暮らしています。

これは、夫としての体裁ではなく、妻の努力や優しさのおかげです。妻には本当に感謝しています。

実は、妻はこの真我についても、最初は宗教的なものと勘違いしたのか、ほとんど興味を示さなかったのですが、最近では、「真我って、『本当の感謝』のことなんだね。それならすごく興味がある」と言って応援してくれています。

ということで、少し話が膨らんでしまいましたが、人生や仕事で決断を迫られた時は、一度最悪だと思われる結果を受け入れたら「それでよし！」と腹を決め、思い切って踏み込んでみてください。

どんな結果であれ、それは必ずあなたに取って大きな意味のある、かけがえのない体験になることでしょう。

真我の習慣３

お店でお金を払う時にも「ありがとう」

唐突ですが、「経済」とは何でしょう？

辞書で調べると、「人間の生活に必要な物を生産・分配・消費する行為についての、一切の社会的関係。転じて、金銭のやりくり」と出てきます。

一般的には、我々人間が生きていく上で必要なお金や仕事・生活全般という解釈でしょうか。

もともと、この「経済」という日本語は、「経世済民《けいせいさいみん》」という言葉から来ていて「世を経《おさ》め、民を救う」という意味になります。

もっと平たい言葉で言えば、経済とは**「お金を通してみんなを幸せにしていく活動」**ということになります。

では、どのような行動をとればみんなが幸せになるのか？　それは、**お金を払う時に「感謝」を伝えることです。**

とかく私達は、消費者側になった時点で、「お金を払っているのはこっちだから、感謝やお礼をされる側」という意識になりがちです。私も例外ではありません。

以前は、飲食店に行ってオーダーが遅いとよくイライラしたものです。ですが、真我を知ってからは、少しずつ改めることにしました。

例えば、飲食店で気持ちの良いサービスや料理を提供してもらったら、「ありがとう」「美味しかったです。ごちそうさま」を言う。

あとは、普段のスーパーやコンビニでの買い物ですね。バスやタクシーを利用した時もそうです。お金を払うとき、クレジットカードを返してもらうとき、必ず「ありがとうございます」と伝えるようにしています。

私も学生の頃、レストランなど接客業のバイトばかりしていたのでよくわかりますが、**お客さんから言われる「ありがとう」ほど、やる気が出るものはありません。**

そうすると、言われたほうは「もっとお客さんに喜んでもらえるにはどうしたら良いか」と考えるようになります。

一方、世の中には質の低いサービス、あるいは「それはお客さんに対する態度ではない」というようなケースもあります。

例えば、タクシーでこんな経験をしたことはないでしょうか。

私「○○までお願いします」

タクシー運転手「……（無言）」

その後、目的地に着きます。

私「領収書もらえますか？」

タクシー運転手は無言で領収書を渡し、ドアを閉めて走り去る……。

私はこんな経験が何度かあります（おそらく地域やタクシー会社によって違いますし、時には素晴らしく愛想の良い運転手さんもいらっしゃいますが）。

その時は全くいい気分はしませんし、ときどき文句を言ってやろうかという気持ちになったことさえあります。

もうタクシーに乗るのはやめようかなとも思いましたが、仕事上必要な場合、あるいは深夜遅くなって、どうしてもタクシーを使わなければならなくなる場合もあります。

そこで、どうやったら、気持ち良く乗れるか考えたとき、**「人を変えることはできない。まず自分が変わること」**という佐藤先生の言葉を思いだし、あることを実行してみることにしました。

タクシーに乗って行き先を告げたあと、

「急に雨が降ってきちゃって助かりました。ありがとうございます」

と伝えてみました。すると、どうでしょう。

「そうですか、そりゃよかったです」

と、笑顔で返してくれました。

何気ない会話ですが、そのあと、最近の景気やタクシー業界などの話で会話が弾んで、久々にタクシーに乗って気持ちの良い時間を過ごしました。

たまたまその運転手さんが良い人だったのかとも思いましたが、その後タクシーに乗るたびにそうした感謝の言葉をちょっと伝えるようにしたところ、運転手さんの印象が良くなり、こちらも快適に利用することができるようになりました。

そして、この時、また「三日月」で人を見ていた自分に気づきます。

実は、その後、少し調べてみたのですが、タクシーの運転手さんも、何もしていないのに、酔ったお客さんから暴言を吐かれたり、小言や文句を言われたりすることも多く、ましてや、普段お客さんから「ありがとう」なんてほとんど言ってもらえないそうです。

だからどんな相手も同じなんですね。みんな「満月」なんです。「三日月」の人なんて一人もいない。私は、このタクシーでの体験でさらに確信しました。

お金をいただく販売者側も、お金を支払う消費者側も、共に感謝を伝え合うだけで、そこには素晴らしい経済循環が生まれます。なぜなら、**お金は人間の心が運んでくる**からです。リアル販売だろうが、ネット販売だろうが、関係ありません。

こんな、日々誰にでも簡単にできて、相手に喜ばれて、自分も心地よくて、経済にもプラスになる「お金を払うときの感謝」の習慣、さっそく今日から始めてみませんか。

真我の習慣4

会話より大切な「聴話」を実践する

もし、あなたが職場や家庭など、あらゆる場所での人間関係を良くしたいとお考えであれば、これが究極のコミュニケーション法です。

よく、仕事や夫婦関係を良くする方法として、「じっくり会話をしましょう」というようなことを聞きます。

仲が良い相手との飲み会など、通常のコミュニケーションでは全然ＯＫですが、「会話」というのは基本的に、お互いに言いたいことを言い合うという状態ですので、関係がギクシャクしているとき、どちらかが不満や文句がある時、会話だけだとエスカレートして、関係をさらに悪くしてしまう場合があります。

「本音で言いたいことを言い合えばいいんだ」という意見もあるでしょう。確かにお互いに「ゴミを出しあう」という意味で、仲直りする1つの方法ですが、一歩間違えると逆に相手との関係をかえって悪くしてしまうこともあります。

できれば、言い合いではなく、長期的に相手との関係を良くしたいと場合どうしたら良いのか？

それが**「聴話《ちょうわ》」**です。これは佐藤先生の造語です。このような漢字は実際ありませんが、言い得て妙だと思います。

聴話とは、「相手の言いたいことをじっくり傾聴し、一度受け入れる」ということです。

実は、私達は、普段の会話ではあまり相手の話をきちんと聞いていない場合が多いのです。お互いに自分の言いたいことだけを話している。当然、それでは、本当にお互いを理解することはできません。

まず一旦、自分の言いたいことは脇に置いて、「相手の言わんとしていることは何か？」「なぜ、この人はそのようなことを言うのか？」という気持ちでひたすら聴くこと。

これは、相手の話や意見にむやみに賛同するとか、迎合するということではありません。

「自分はいま、あなたの話を一所懸命に聞いている」という気持ちで、いかに相手に話をさせるか？　ということに集中します。

そして、その内容がもし自分への不満でも、ぐっと我慢して、最後まで聴いてあげてください。

相手の言いたいことを全部聞いたあとに、自分の考えや意見を言う。この時点で、相手の心は開いていますので、もし意見が食い違っていても、お互いの理解が深まり、信頼が生まれてくるのです。

これは、ある会社のカスタマーサポートの方に聞いた話ですが、ユーザーやお客様からクレームの連絡が入った場合、まず、とにかく相手の話をじっくり最後まで聞き、きちんと理解してあげる、それだけで多くは解決するそうです。

なぜなら、**人は自分の話を聞いてくれて、理解してくれる人を好きになるからです。**

そして最も重要なのは、相手の心の奥にある「本当の心」に焦点を合わせることです。

それはどういうことか？

人は、どんな人でも「自分をわかってほしい、認めてほしい（愛してほしい）」という気持ちで生きています。ですから、相手がいくら不満やクレームや悪口を口にしたとしても、「この人もきっと自分を理解してほしいのだ」という心で接して、聴くことです。

聴話をすると、自動的にどんな相手とも**「調和」**がとれてきます。

経営学の父と呼ばれ、日本でもファンの多いピーター・ドラッカー氏は『非営利組織の経営』（上田惇生（翻訳）ダイヤモンド社 ２０１０年2月15日発行 ２１７ページ）という著書の中でこう述べています。

「多くの人が、話上手だから人との関係づくりは得意だと思っている。対人関係のポイントが聞く力にあることを知らない。」

つまり、仮にあなたが何も話さなくても、相手の話を一所懸命聴くだけで、相手があなたに好意を持ち、あなたの周りをすべて味方にすることができるのです。

ですので、今日からこの聴話を会社や家庭でやってみてください。

自己主張の強い傾向の人は、最初少ししんどいかもしれませんが（以前の私がそうでした（笑））、だんだん相手の本当の気持ちが理解できるようになってくると、本当の意味で会話が楽しくなってきますし、あらゆる人間関係が良くなっていきます。

真我の習慣 5

どんな相手でも「満月」で捉える

社会生活の中では、いろんなタイプの人に出会います。

あの人は良い人、この人は嫌い、あいつは嫌な奴、ムカつく、性格が悪そう、などなどいろんな感情が湧き上がってくるでしょう。

私もあります。でもそれでいいんです。そうした感情が出てくること自体は、決して悪いことではありません。なぜなら、**そう思う自分は「本当の自分」ではない**からです。逆に言えば、すべて「偽の自分」なんです。そう考えると、とても気持ちが楽になります。

「偽の自分」なんて言うと、少しネガティブに聞こえるかもしれませんが、それは、これまでの自分が教わってきた価値観や過去の記憶から出てくるものですから、何十年も生きてきた大人であれば、誰にでもあります。

ただ、自分自身の場合はいいけど、相手からネガティブな感情や言葉をぶつけてきた場合はどうするか？

例えば、会社の帰りに同僚達と飲みに行ったとき、上司や会社の悪口や愚痴を聞くと、自分も同じような気持ちになってしまうことがあるかもしれません。

ですが、その悪口や愚痴自体に、自分自身がそのまま影響を受けるのではなく、少しだけ視点を変えて捉えるようにしてみます。

具体的には、これまでお伝えしてきたように、相手を「三日月」ではなく、「満月」で捉えるということです。この場合の「三日月」＝偽の自分、「満月」＝本当の自分となります。

例えば、いま目の前で会社の悪口や愚痴を言っている同僚の心は、「偽の本音」と捉えます。では、同僚の「本当の心」とは何なのか？

「自分を認めてほしい、わかってほしい、本当は愛されたい、楽しくやりたい」

これが、同僚の「究極の本音」であり、本当の心の姿です。例外はありません。

ですから、もし仮に相手がネガティブなことを言っていたら、まずは、先ほどの「聴話」で相手の話を最後まで聞いてみましょう。そして、相手から「どう思う？」と聞かれたら、こう返します。

「なるほど。○○さんもそれだけ会社や人生のことを真剣に考えているんだね。だから俺には○○さんがそう思う気持ちはとても理解できるよ」

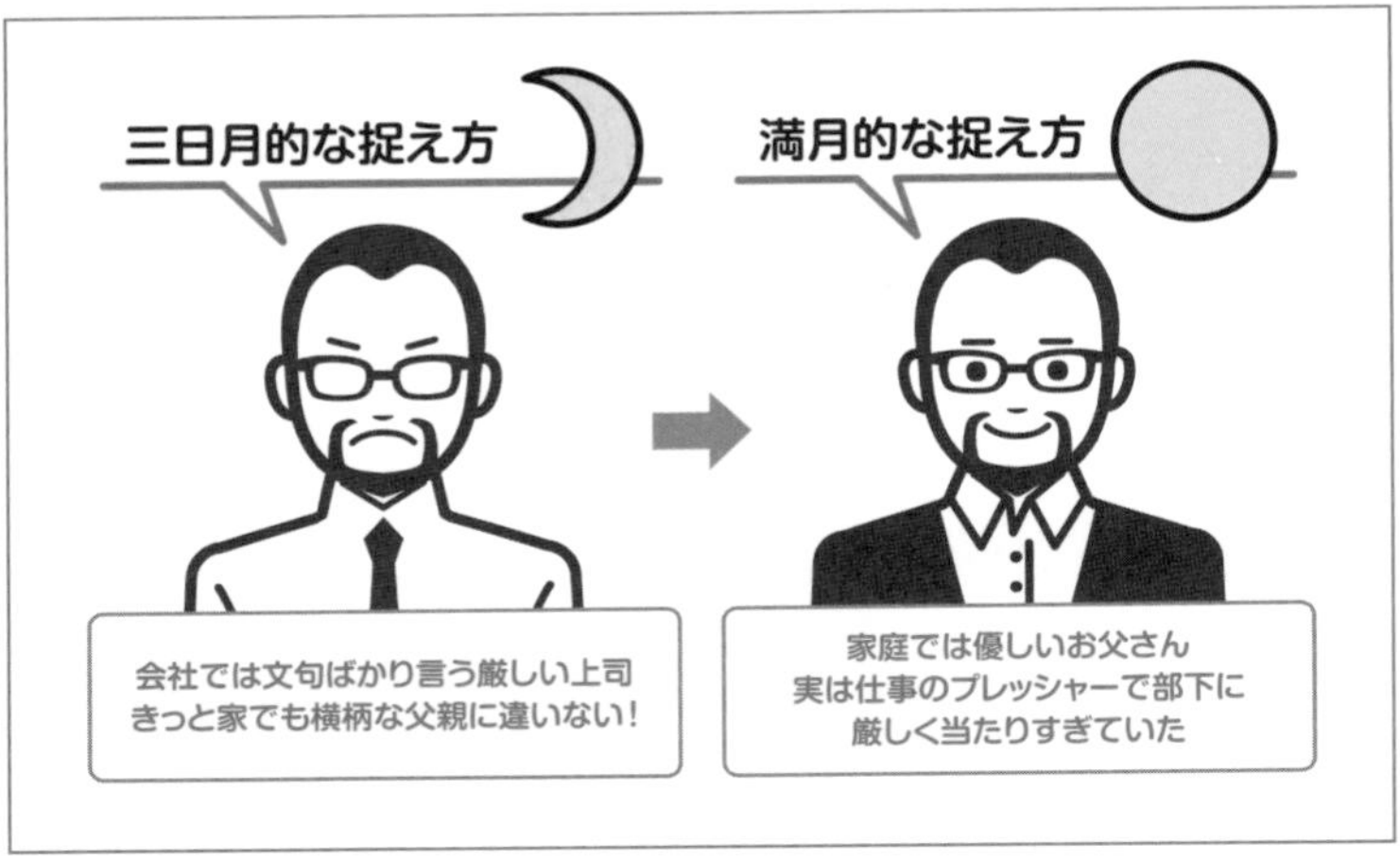
三日月的な捉え方
会社では文句ばかり言う厳しい上司
きっと家でも横柄な父親に違いない！
満月的な捉え方
家庭では優しいお父さん
実は仕事のプレッシャーで部下に
厳しく当たりすぎていた

相手を「満月」と捉えて、そのように伝えます。そこには、否定も賛同もありません。ひたすら、相手の「自分をわかってほしい」という究極の本音にフォーカスするだけです。

これまでの教育では、「君はここが欠点（三日月）だから、完璧（満月）に近づくためにこうしなさい、こうするべき」というようなやり方をしてきました。

それに対して、真我の教育は**「君はもともと完璧（満月）なんだ。だからありのままの自分で素晴らしいのだ！」**と伝えます。本気で心を込めて。やってみればわかりますが、言われた本人は目をキラキラさせます。

ここでいう完璧とは、「完璧主義」の１００点満点とは異なります。そのままでいい、あるがままでいい。これが「完璧」ということです。

ありのまま、そのままの自分を認めるということは、自分の弱さを認めるということでもあります。そうすると、相手が自分にないものを持っていることに気づき、周りの人達と調和した無敵の世界になっていくのです。

佐藤先生はいつもこう言っています。**「あなたに欠けているものなんて、何ひとつない」**と。いまの社会では、そのようなことを言ってくれる人は少ないです。

ですから、もしあなたが経営者なら社員に、リーダーなら部下に、親なら子供に、そして、学校の先生なら生徒に、ぜひ一度それを伝えてあげてください。

これを、みんなで伝え合ったら、どんなに素晴らしい事でしょう。

進藤龍也さんという「元ヤクザの牧師さん」のエピソードをご紹介します（「プレジデント２０２０年７・17号　プレジデント社　36ページより）。

進藤さんは、刑務所の中で聖書に出会い更生し、服役を終えてから洗礼を受け、牧師になるため神学校に通います。

そしてとある町工場で働いているときに、そこの社長にたまたま刺青を見られてしまったそうです。この時、「またクビか……」と覚悟したそうです。しかし、社長はこう言ってくれたそうです。

「そうか。だからお前、頑張ってるんだな」

と。この一言で大変救われた気持ちになったそうです、**社長は元ヤクザの進藤さんではなく、あるがままの進藤さんを見ていてくれた。**進藤さんを「三日月」ではなく、「満月」として見ていたのです。

この体験が原点となり、進藤さんは多くの元受刑者の人生を支援する活動を始められたそうです。

この本を手にとって読んだくださったあなた。今日から、明日から、ぜひ「満月」の心で、いろんな人と向き合ってみてください。

必ずあなたの周囲にどんどん味方が増えて、自動的に人生が好転していきます。

SHINGA

第4章

「本当の感謝」をすると世界が変わる（7つの体験談）

この章では、真我を引き出し、
「本当の感謝」を日常生活や仕事で実践することで、
人生やビジネスを大きく好転させた体験談をご紹介します。

体験談1

「本当の感謝」を持つことで両親や家族を心から大切に思えた

第1章で両親に捨てられた女性の体験談をお伝えしました。両親との関係は人によって様々だと思います。

ですが、どんな関係だろうと、両親はあなたにとって原点であり、かけがえのない存在です。

ここでは、私が尊敬する経営者の一人である、立志財団理事長の坂本憲彦さんの体験談をご紹介します。

坂本さんは、立志財団という、文字通り「志」を軸にした経営コンサルティングの企業を立ち上げ、起業家や経営者向けに経営実務と理念経営の両面から実践的な指導をされている経営のプロです。

その坂本さんですが、幼少の頃お母さんを亡くされており、以来約30年間、ずっと母親を否定してきたそうです。それには理由があります。

坂本さんのお母さんは、うつや統合失調症という、いわゆる精神疾患を患っており、ほとんど子育てなどはできない状態だったそうです。

それ自体は仕方がないと思いつつも、子供心ながら、心の奥底では「お母さんみたいに弱い人になってはいけない。自分は強くならないといけない」そう言い聞かせてきたそうです。

ですから、坂本さんは強くなるために早くから起業を志します。そして、実際に30歳で起業し、複数の事業を立ち上げていきました。

そして、年商5億円、社員40名以上を抱える企業の経営者になり、とりあえず成功者として自分の強さを証明できたと思ったそうです。

しかし、**このとき、幸福感はありませんでした。**

なぜなら、売上が拡大すると同時にお客様からのクレームが増え、ひいては従業員やスタッフからの不満が続き、最終的には仲間だったはずの経営陣との間で衝突や軋轢が生じていたからです。

そして坂本さんはその会社の社長の座を降ります。いったい何がいけなかったのか？

自問自答したそうです。

自分なりに一生懸命勉強もしてきたし、努力もしてきたつもりでしたが、**何かが足りないからこういった結果になってしまった。ただ自分では何が足りないのかわからなかった**そうです。そんな中、当時会社の顧問だったスターバックスの元執行役員に会い、

その方に「事業はミッションから創るものだ」と言われたそうです。

スターバックスはいま世界中で多くのファンを集める企業です。なぜ人が集まるかというと、ミッションがあるから。事業はすべてミッションから創っていく。ミッションがない事業はいずれ衰退する、ということを教わりました。

坂本さんは、自分に足りなかったものは「事業に対する理念やミッション」だったということに気づきます。

それまでは、経営者としてただひたすら自分自身が強くなるため、そしてお金を稼ぐために事業をしてきた。

坂本さんにとって、強さの象徴というのがお金でした。ビジネスで成功すれば自分は強くなる、それができれば自分は母のようにならなくて済む、というように思っていたそうです。

でも、それは大きな間違いだったことに気づいたのです。

すべての事業は使命から始まる。ただ、使命とはなんなのか？　そこで**自分の本当の使命を知るために母親と向き合う**ことにしました。

坂本さんは、30年以上に渡って、お母さんの存在に蓋（ふた）をしてきました。でも思い切って、その蓋を開き、母は一体どんな人生を過ごしてきたのか？　を知るため、実家のお姉さんに色々話を聞いたそうです（ちなみに坂本さんのお父さんはこの時すでに他界されています）。

その時、衝撃的な事実を知ることになります。

なんと、お母さんは自分で命を絶って亡くなっていたのでした。その事実を知ったとき、坂本さんはショックのあまり風呂場で一人号泣したそうです。

そして、お母さんは若い頃、叔父さんと一緒に新しい世界でチャレンジしようと、精力的な活動をしていたことも知ります。

いまとなっては、なんで命を絶ったのか、何が母を苦しめていたのかわからないけど、お父さんと出会い、必死で自分を生んでくれたのだ。

そのとき、母に対する1つの感情が芽生えてきたそうです。

「僕を生んでくれてありがとう」

坂本さんのお母さんは、彼が7歳の時に亡くなっていますから、母親との思い出や記憶はほとんどありません。

ですが、自分自身がここに存在しているということが、母が残してくれたものなのだと思って、母に対して生まれて初めて、「生んでくれてありがとう」という感情を持つことができたそうです。

これは、プロセスこそ違いますが、第2章のステップ4でお伝えした**内観光受（両親の愛に心の底から気づくこと）そのものであり、この時、坂本さんは真我（本当の自分）に出会ったのではないかと私は思います。**以来、坂本さんは「すべての人を、偽りの人生ではなく、本当に自分自身がやりたいこと、成し遂げたいことを、それが実現できるように支援していく、サポートしていく」それが自分の使命だと確信します。

もう売上や利益を追いかけるだけの経営はやめ、ゼロから「立志財団」というまさに自分のミッション・使命を軸とした事業を立ち上げます。

そして、事業を立ち上げて数年で100名以上を組織する経営者になります。

以前の会社での経営とは決定的に違うこと。それは、**確実な「幸福感」があること。本物の経営をしているという充実感です。**

坂本さんは、母親との過去と正面から向き合い、掘り起こしたことで、お母さん、そしてお父さんの無償の愛に対する本当の感謝に気づき、本当の自分の使命を知り、真の起業家・経営者になったのです。

体験談2

「本当の感謝」から天命を知り「心のゼロ経営」が生まれた

私は真我との出会いをきっかけに、40歳で起業しました。以来、紆余曲折はありましたが、一貫して真我をベースとした経営を進めてきました。

事業内容は、B2B向けＷｅｂコンサルティング、ビジネス英語（グロービッシュ）研修、ＡＩ自動翻訳ソフトなど、ほとんど法人向けサービスの販売です。そして、令和元年にスタートしたのが、ＳＩＡ「心のゼロ経営」プロジェクトです。

ＳＩＡとは「Shinga de Issyo Antai」の略で、文字通り「真我で生きれば、経済も心も一生安泰になる」という思いが込められています。

私の会社の場合、起業3～6年目の間が最も苦労しましたが、真我の実践のおかげで少しずつ売上が上昇し、起業10年目で取引先社数が１００社近くになったのを機に、年商も資産も起業当初の約4倍近くになり、ようやく安定した経営を進めることができるようになりました。

この時、年齢は50歳です。ふと、これから自分がどう生きるべきかを考えるようになりました。これまで人生を送ってこれたのは、両親や家族、そして様々な人達との出会いのおかげ、そして、何といっても佐藤先生と真我に出会えたおかげです。

これまでは真我を自ら実践するだけの立場だったけど、今度は、真我を世の中に広める側になろう、そう思うようになりました。そんな時、**孔子の「論語」**の中のこんな一節と出会ったのです。

「子曰く、吾十有五（われじゅうゆうご）にして学に志す。三十にして立つ。四十にして惑（まど）はず。五十にして天命を知る。六十にして耳順（みみしたご）ふ。七十にして心の欲する所に従ひて矩（のり）を踰（こ）えず」

どういう意味か調べてみると、

「私は15歳のときに学問を志した。30歳にして独り立ちをした。40歳で迷うことがなくなった。50歳のときに天命を知った。60歳のときに人の意見を素直に聞けるようになった。70歳の時にやっと自分の思うままに行動をしても人の道を踏み外すことがなくなった」と翻訳されています。

私の人生と照らし合わせてみました。

・15歳：私立高校に入学します。

（↓学問を志すというほど勉強しませんでしたが（笑））

・30歳：外資系企業の会社員でした。

（↓27歳の時に実家を出て一人暮らしをスタートしました。独り立ち？）

・40歳：起業し会社を設立します。

（↓「迷うことがなくなったか」と問われれば嘘になってしまいますが、真我との出会いで人生に大きな軸ができたのは、この頃です）

そして……。

・50歳：「真我を世の中に広める」これが私の天命だと、そう勝手に解釈しました。

そして、その真我をベースにして起業してから12年間、実践してきた内容を具体化したものが「心のゼロ経営」です。

「経営」というと、会社員や学生の方には関係ないことと思われるかもしれませんが、経営＝マネジメント＝「理念や目標を定めて何かを営む」ことですから、本来、経営者

無 心のゼロ経営

も会社員も学生も関係ありません。これからはどんな人でも経営の感覚を持つことが重要で、特に現在のような先行き不透明な時代は、「心のマネジメント」が必要不可欠になってきます。

では、「心のゼロ経営」とは何か？

それは**「あなたの心のゴミをゼロにして行う経営」**という意味です。

ここでいう「心のゴミ」とは、過去の成功・失敗体験の記憶・トラウマ、これまでに教わってきた価値観・執着心のことです。

それらをすべて捨て、空っぽにして真我をベースとした本当の感謝で取り組む経営ともいえます。

具体的に私がやってきた「心のゼロ経営」とは以下の７つです。

①常識と執着心をゼロにする
②過去の成功体験をゼロにする

③体裁や見栄をゼロにする
④成功哲学をゼロにする
⑤取り越し苦労をゼロにする
⑥敵をゼロにする
⑦リストラ・パワハラをゼロにする

この「心のゼロ経営」は、あるセミナーコンサルタントの方との個別相談の中からふと生まれた言葉ですが、これからの不透明な時代、お客様はもちろん、パートナー、金融機関、外注先、そして家族、あらゆる人間関係を改善させていくキーワードになり、それが、結果的に会社の業績やみなさんの人生に大きく反映していくものと確信しています。

中でも、③の「体裁や見栄をゼロにする」というのは、私が起業当初から実践してきたことです。その代表的なものは、**「固定のオフィスを持たない、社員も雇用しない（社員ゼロ）」**です。

いまでこそ、シェアオフィスや社員のいない「一人経営」というのが徐々に普及していますが、私が起業した２００８年頃というのは、起業したら、個室の事務所を借りて社員やスタッフを雇用するのが、一人前の会社・経営者のような風潮がありました。

ですが、私はそんな世間的な体裁を気にして、結果的に赤字を垂れ流し、倒産した会社をいくつも見てきました。

だから、周囲からどう見られようが、固定オフィスなし・社員ゼロを貫きました。

もちろん、起業当初は単に資金がなかったからという理由もありますが、売上が増えてからはオフィスを借りることも社員を雇用することも可能でした。ですが、その方針は変えませんでした。

なぜなら、これからのスマホやＰＣが普及したネット社会では働く場所などいずれ関係なくなる、だから固定オフィスはなくても良いと思ったからからです。

最初、金融機関や商工会議所の方々も、専用の事務所がないことに少々難色を示していましたが、いまでは私の考えに理解をしてくれ、様々な支援をしていただいています。

また今後は雇用（働き方）もどんどん変化していき、9時〜17時勤務ではなく、多くが個人事業主のようになっていき、働きたい時間に働く、そして、そのネットワークをみんなで共有し、活用するようになっていくと考えていました。

そこで実際、私は、個人事業主やフリーランスの方々に仕事をアウトソーシングして、事業を成長させてきました。

アウトソーシングを利用する場合は、発注先である私の会社が費用を支払う側になります。おそらく真我を体感する前の私であれば、「発注先＝金を払って、仕事をお願いしている先＝自分は客」という意識で接していたと思います。ですが、いまは、私の仕事をお手伝いしていただいている先ということで、立場は同等のパートナーとして接しています。

それが理由か否かはわかりませんが、弊社のアウトソーシング先は、こちらの期待以上のパフォーマンスを出してくれる会社や事業主さんばかりです。本当に心から感謝しています。

ただ、私は決して雇用を否定しているのではありません。いずれ経営上必要になれば雇用するかもしれませんし、また業種や業態によっては、社員の雇用がなければ経営が成り立たない会社も多いでしょう。

ですが、いまの時代は「一人経営」という言葉があるように、雇用せずに起業家のネットワークなどを使って、アウトソーシングを活用して事業を進めていくというのも1つの方法だと考えています。

いずれにしても私の場合、結果的に「固定オフィスなし・社員ゼロ」が会社の収益基盤を黒字化させ、小さいながらも安定成長する1つの要因になっています。

「強い者、賢い者が生き残るのではない。変化できる者が生き残るのだ」進化論で有名なダーウィンの言葉です。

会社の経営も同様だと思います。マーケティングや事業戦略も大変重要ですが、それは時代によって変遷していくものです。ですので、常にその最新の情報をキャッチして、変化に対応していくというのは経営者にとって当然のことです。そして、経営者が真我を実践していけば、あらゆる環境に対応し、自由自在に変化できるようになります。

これからコロナがどのように収束していくかはわかりませんが、いずれにしても、これまでの働き方やサービスモデルも大きく変わっていくことでしょう。

この「心のゼロ経営」は、そんな大変革の時代でも、永遠にそして、世界中どこでも通用する普遍的で本質なものです。ぜひ多くの人に実践していただきたいと思います。

体験談3

「本当の感謝」を伝えて夫婦の関係を修復できた

これまでお伝えしてきたように、**「本当の感謝」＝「頭で理解するもの」ではなく、自ら体感して伝えるもの**です。形はなく、目には見えないものです。ただ、それを相手に伝える手段は、基本的に**「言葉」**です。

ですので、夫婦や家族では、「おはよう」「行ってきます」「ただいま」「おかえりさない」「いただきます」「ありがとう」「ごめんなさい」この7つをみんなで伝え合うだけで、基本的に円満になっていくといいます。

とはいえ、現実には、常にそのような状態とは限りません。特に夫婦の場合、仕事以外で最も長い時間一緒に生活する関係です。また最近では、コロナによる外出自粛により、これまで以上に一緒にいる時間が増えたことで、家庭内別居やＤＶ、依存症、離婚などいろいろな問題が出てきているようです。

そこでここでは、離婚寸前の夫婦が真我で新婚時代のような関係に修復した体験談をお伝えします。

すべて本当の話です。

このご夫婦は、佐藤先生に初めて会った時、**「絶対に離婚する」**と言っていたそうですが、最初にご主人が真我開発講座を受けたことで心が変わり、奥さんと離婚したくなくなったそうです。

そこで彼は、奥さんにも何とか本当の自分に目覚めてもらおうと、強引に奥さんを真我開発の講座に連れて来たのです。ところが奥さんは、無理やり連れて来られていますから、まったく真剣に取り組みません。

奥さんは、ご主人の家族のこともみんな嫌いでした。

また、ご主人が自分に1メートル近づくだけで耐えられませんでした。そして、子どももなるべくご主人に近寄らせなかったのです。ご主人は毎日居間で寝ていたそうです。

ところが、何度目かの受講の時に、その彼女がまったく変わってしまったのです。受講後、その奥さんから佐藤先生に届いた手紙（一部省略）をご紹介します。

【奥さんからの手紙】

私たち夫婦は、約10年の間、いろいろな行き違いですれ違っていました。

初めは、夫に女性がいるのではないか……という小さな疑いからでした。そこから、姑との問題、お金の問題と、たくさんの問題が出てきて、年ごとに、日ごとに自分が苦しくてたまらなくなりました。

自分には何もないと思っていました。お金もない、時間もない、頼る所もない、自分を愛してくれる人もいない……。

夫への愛情はまったくなく、ただただ**「この人さえいなければ、私も子どもたちも幸せでいられるのに」**と思っていました。

隣に座ることはおろか、同じ空間にいるのも耐えられないことでした。朝、家を出る夫の姿に「もう帰ってこないで」と祈っていました。

子どもたちのために父親が必要なのはわかるけれど、この人ではダメだとか、私さえ我慢していればいいんだとか、そういう思いでいっぱいでした。

そんな自分ですから、何があっても良いことのようには思えず、ますます自分で自分を苦しめていました。耳が聞こえなくなってしまいたい、目が見えなくなってしまいたい、喋れなくなってしまいたいと……。

心を失くしてしまわなければ、自分は存在できないと決めつけていました。

初めに（佐藤先生の）セミナーに参加した時に、夫に「自分の人生をもっと考えてほしい」と言われましたが、私はとにかく行けば離婚してもらえる、という思いしかありませんでした。とりあえず2日間過ぎればいい、私の考えは何も間違ってはいない、そう思っていました。何度か受けるうちに、私の中に小さな変化が生まれました。

「どうせ別れるつもりでいるのなら、ご主人に何を言っても怖くないでしょう？」

と佐藤先生に言われて、「ああ、そうだな」とそんなことに初めて気づきました。

そして、ひとつふたつと自分の抱えている不安や不満を話しているうちに、少しずつ心が軽くなっていきました。

佐藤先生のCDを行き帰りの車の中で毎日聞き、自分が生きていることの幸せ、子どもたちが元気でいてくれている幸せ、世界中70億の人の中で、私はたった一人のかけがえのない自分。

命のありがたさを、少しずつ感じられるようになりました。

そして、真我開発講座を受講した時、これまでとはまったく違った自分に出会えました。

そして初めて、「早く家へ帰って、夫と子どもたちに会いたい」と思いました。自分の中から喜びがあふれてくるような感覚が、とても心地よく幸せに思えました。

佐藤先生には「まだ夫の隣に座れるかどうかわからない」と言っていました。先生は「心から先にやっていけばいいんだよ」と言ってくださいました。

でも家に帰って、子どもたちが眠ったあと、夫の隣に座ることができ、「よかったね、がんばったね」と夫が私の頭をなでてくれた時に、その手のぬくもりが体中に伝わりました。そして、自分でも考えてもいなかった言葉が出ていました。

「ごめんね、あなたもつらかったね、ごめんね」と。心の底からわきあがってきた言葉でした。そして、**そのひと言で、夫も私も、10年のわだかまりが一瞬でとけていったのを感じました。**

いま、毎日楽しく、幸せに生活しています。借金を返さなければならないことも、お互い忙しく仕事をすることも変わりません。

夫の両親が近くに住んでいることも、私の友達や親兄弟が遠く離れていることも変わりません。でも、いままで自分で決めつけていた自分ではなく、本当の自分に出会えたことで、これまでどうにもならないと思っていたことが何でもないことなんだと思うようになりました。

誰のせいでもない、すべては自分から始まっていたことだったと……。愛してほしいと思うばかりで、自分は誰一人自分自身すら愛していなかったと思います。

毎日、体中で幸せを感じることができ、生きているって素晴らしいと、すべてに感謝する日々です。子どもたちも、とても明るくなりました。どうにもならないことは何ひとつなかった、夫の両親とも仲良く、わかり合えるようになりました。

こんなに幸せな日々を送ることができているのは、佐藤先生をはじめ、私の行きつ戻りつの話を嫌な顔をせず聞いてくれて、何よりも強く支えてくれたスタッフのみなさん、そしてたくさんの人達のおかげです。

私も少しでもお役に立てるように、これからますます素直な心で、優しく、大きな愛で、たくさんの人を包んでいきたいと思います。

またぜひお会いして、元気な私の姿を見ていただきたいと思います。本当にありがとうございました。

私は最初この話を読んで、「本当にこんなことがあるのか？」という驚きの一方、「真我ってすごいな」という感動が押し寄せてきました。

私もそうでしたが、人間は思い込んでいる部分が大変大きいのです。真実ではなく、思い込んでいることを、事実だと思っています。しかし、自分でこうだと思っていることは、実はまったく違う場合があります。

そして、起こった出来事に対して、「あの人はこういう人」と決めつけて、そのまま心の奥にしまい込んでいるのです。

このエピソードを俯瞰してみると、このご夫婦は、何か特別なことをしたわけでも、人間関係改善のノウハウやテクニックを学んだわけでも、トレーニングを積んだわけでもありません。

ただ1つ。それぞれが真我を引き出し、本当の感謝を伝え合った。それだけで、夫婦関係が天と地ほども変わってしまったのです。

人は、夫婦、会社、友人などの関係を良くしようとした場合、どうしても相手に変わることを求めがちです。

ですが、現実問題として相手を変えることは難しいのです。それをまず受け入れることです。

では、どうしたらよいのか。**自分が先に真我を開いちゃいましょう。**そして、真我を引き出した本当の感謝の心で相手に接してみるのです。

すると、今回のご夫婦のような奇跡のようなことが起こるのです。

もしいま、夫婦関係で悩んでいる方がいらっしゃれば、まずご自身が第２章のステップ通りに実践して、そこから出てきた自然な想いを相手に伝えてみましょう。直接本人に言うのが難しければ、ＬＩＮＥとかメールとか、手紙でもいいんです。

期待通りにすぐに相手は変わらないかもしれません、でもあなたにとってなんのデメリットもリスクもありません。どうか見返りを求めず、まず実践してみてください。

体験談4

「本当の感謝」を持つことで運気が上昇、売上と利益が3倍になった

起業して5年目くらいの頃です。

当時はＷｅｂコンサルティングサービスや研修事業をメインに事業を進めていましたが、新規の契約数が下がってきたので、このままではまずいと新しいビジネスを始めることを決意、いろいろ調査を始めました。

そんな中で出会ったのが、あるＡＩ（人工知能）自動翻訳のベンチャー企業です。たまたまＷｅｂサイトで販売代理店を募集していたので、話を聞いてみようと早速アポイントを取って面談に臨みました。

当時、企業向けのＡＩ自動翻訳についてはまだまだ未開拓の分野で、市場性が高いと思ったこと、ビジネス英語研修のサービスと関連性があること、そして面談した担当役

員の方がとても親切で好感を持てたという理由で、その場で思い切って、代理店契約の希望の意思表示をしました。

うちのような小さな会社は難しいかなと思いましたが、私のビジネスに対する想いに賛同いただき、代理店契約を締結して、久々に法人営業に取り組むことにしたのです。

実質、ゼロからの新規開拓です。最初は自分で会社四季報をめくりながら、代表電話から1日50件くらい飛び込みコールしました。

「人工知能の翻訳」というキーワードが珍しかったこともあり、アポイントは結構取れたのですが、なかなか成約には至りません。主な理由は、翻訳精度がユーザー企業の要望レベルまで達していなかったことです。

ですので、段々営業のモチベーションが下がってしまい、しばらく活動を休止したこともあります。この頃、また少し自分の自信を失いかけていたので、真我の実践に取り組みます。

具体的には、第2章のステップ5「成功と幸福を呼ぶ言葉」を毎朝読み、内観光受をしながら本当の感謝を体感して、真我を引き出したことで自信を取り戻した私は、営業を再開することにしました。

また、以前のように売上目標にこだわるのをやめ、とにかく「お客様が喜ぶこと」に焦点を当てるようにしたのです。すると、不思議なことに少しずつ、導入する会社が増えてきました。

そして数年後、私にとっては奇跡のような出来事が起こります。

まず、このAI自動翻訳の会社が東証マザーズに上場します。これにより、社名・製品の知名度が飛躍的に上がり、とても営業がしやすくなりました。数年前まで無名だったベンチャー企業で、主力製品の黎明期から一代理店として一緒に頑張ってきた会社が株式上場するというのは、我が事のように嬉しかった記憶があります。

そして、次に起きたのが、翻訳エンジンの大幅な精度アップです。95％というプロ翻訳並みレベルになったことがきっかけで、成約率は以前の3倍以上になります。結果、弊社の売上も前年比で3倍以上になりました。

この時、なかなか結果が出ずにしんどい時期を乗り越え、営業を続けてきてよかったという想いと、「自分は運がいい」というのが正直な実感でした。

しかし、**「運がいい」というのは単なる偶然なのか?**

以前はそのように思っていましたが、真我に出会い、本当の感謝を知ったいまは、私は単なる偶然ではないと断言します。

実は、この「運」というものに対する研究は、これまで古今東西様々な論文が出ていますが、多摩大学大学院教授の田坂広志さんは、「よい運気を引き寄せるために必ず理解しておかなければならない１つの法則」があると言っています。

それは、**我々の「心の状態」がその心と共鳴するものを「引き寄せる」**ということ。

そして、**引き寄せるたった１つの方法は、「ポジティブな想念」を持つこと**と述べています。

ここでいう「ポジティブな想念」とは、頭で考えるポジティブ思考ではなく、「心から自然に湧き出るポジティブな心」という意味です。

では、その「ポジティブな想念」を持つにはどうしたらよいのか？

これまでの成功哲学では、願望や目標を紙に書き、潜在意識にプラス思考を習慣化していくことと教えてきました。

確かに中にはそれができる人もいるでしょう。でも、私の場合はできませんでした。それにより、結果的にうつにもなりました。

実は、起業してからわかったことですが、私みたいに世界的に有名な成功哲学に心酔して、いろんな教材やＤＶＤを買ったけど、結局ほとんど実行できない経営者がとても多いことがわかりました。

意思が弱いから？　怠け者だから？　そうかもしれません。

私は、成功哲学そのものを否定しているのではありません。ですが、誰もが簡単に実践できるものではないと考えています。

なぜなら、田坂さんが言われるように、**ほとんどの人間には、心の本音の中に、ネガティブな想念が染み付いているから**です。

では、誰でも自然に「ネガティブな想念」を捨てて、「ポジティヴな想念」を持つ方法はないのか？　それが、これまでお伝えしてきた真我（本当の自分）を引き出すこと、本当の感謝を体感することに他なりません。

なぜ、成功哲学は一部の人しか実践できなくて、真我は誰でも実践できるのか？　それは、アプローチが真逆だからです。

これまでの成功哲学は、「あなたが成功者になるためにはこうすべき」という頭からのインプット（教え）に対して、真我の場合は、「もともと成功している最高のあなた（本当の自分）が心の一番奥にいる。それをアウトプットすればよい」というアプローチです。

誰にでも例外なく「本当の自分」は既にあるわけですから、誰でも実践できるわけです。この本では、そのことを様々なファクト（事実）を通して、お伝えしているにすぎません。

ただ、一度真我を引き出したからといって、その後、ずっとポジティブな想念になるわけではありません。私もいまだに落ち込むことはあります。

ですが、本書のステップ2やステップ3でお伝えしたことを、日々実践・習慣化することによって、以前のようにそれを長く引きずったり、自分を卑下したり、自分はダメなやつと思ったりすることはなくなりました。

落ち込む自分も「ありのままの自分」で完璧なんです。「満月」なんです。

どんな一流選手でもスランプがあるのと同じで、落ち込むこと、悩むこと自体は、長い目で見た場合、人生にとって決して悪いことではないのです。

問題は「悩む自分」＝「本当の自分」と勘違いしてずっと引きずってしまうと、それが行動や言葉にあらわれ、人間関係に影響してきます。

ですから、元気ハツラツな自分も、落ち込む自分も、全部合わせて本当の自分と捉えれば、いちいち頭で考えなくても、自然に「ポジティブな想念」が生まれ、それが人間関係を向上させ、運気が良くなります。

すなわち、私の場合のＡＩ自動翻訳ソフトの会社との出会いとその後の業績拡大は、まさに真我の実践による「引き寄せの法則」で起こった必然の出来事であり、たまたまの偶然ではないということです。いまは因果関係を科学的に証明はできませんが、私自身がそう確信していることが重要だと思っています。

体験談5

「本当の感謝」で嫌いだった自分を心から好きになった

これは、1年間ずっと引きこもりだったある男性（Kさん／26歳／会社員）の体験談です。

Kさんは以前、自分の殻に閉じこもって、八方塞がりの状態でした。自分を責めてばかりいました。当時、彼のお母さんは宗教をやっていました。

お母さんの仲間の信者から、「感謝なのよ」「愛なのよ」と言われるのですが、ますます自信がなくなり、苦しくなっていきます。

父母に「情けない子だねぇ」と嫌われているのではないか、周囲の人達から、「26歳のいい年をした若者がこんなことでどうするんだ」と白い目で見られているのではないか、そう不安に感じたりもしたそうです。

そのうち、人から「弱い人間」と笑われているように感じます。

その思いは日増しに強くなり、「俺は社会のはみ出し者だ」「社会から必要とされていない人間なんだ」と自暴自棄になりかけます。

このような状況で、彼は縁あって、佐藤先生の真我開発の研修に参加することにしますが、初日は、途中で家に引き返そうとしたそうです。

「自分が変わってしまうのでは」という恐怖があってビクビクしていたのです。

しかし、Ｋさんは「このまま帰ったら、またあの布団にもぐりこむ日々に戻ることになる。それは嫌だな。じゃあ、なぜ行くのが怖いんだろう……」心の中で自問自答しました。

「自分はいままで、命がけで何かをしたことがあっただろうか。限界まで死ぬ思いでやったらどうなるのだろう。もし、本当に研修が素晴らしかったら、全力でやった分、喜びで返ってくるじゃないか」

「俺の命、１回、清算しよう。いままでの人生にけりをつけるんだ。命がけで取り組んでみよう」と決心し、真我開発の講座に臨んだのです。

受講後、Ｋさんはどうなったのでしょうか。

以下、Ｋさんから佐藤先生に寄せられた手紙（一部抜粋・割愛）です。

【Kさんからの手紙】

現実の状況は何ひとつ変わっていませんが、受ける前と後との心には天と地ほどの差がありました。

「何だこれは。こんなに体って軽いのか。眠れるってこんなに幸せなことなんだな」と。至福の眠りにつけたのです。生まれ変わった自分を実感しました。考え方も大きく変わりました。

以前は、「社会に出て、お金を稼げる人が凄い人だ」と思いこんで生きていました。高卒なので、大卒の人に対してコンプレックスもありました。

それまでも父親を嫌っていたそうですが、お父さんの会社に就職していた時、あまりの厳しさに、「父は自分のことを全く認めてくれていないんだ」という不満感が、いままで以上に湧いてきます。

そして、「もっと凄い人にならなければいけない」「社会により認められなければいけない」と、毎日追い立てられるような思いをしていたのです。

ところが講座で真我を引き出したあとは、あれほど心の底から恨んでいた父に対しても、心から「ありがとう」と口に出して言いたくなりました。

「育ててくれてありがとう」「心配してくれていたんだね。だから厳しくなっていたんだね」「僕に期待をしてくれていたんだね」そんな思いが、次々とあふれ出て来ました。

父の子であることに感謝さえしました。

その後、アルバイトをして過ごしていましたが、**「どん底の自分をここまで蘇らせた『本当の自分』のことを証明したい」**という思いが強くでてきて、真剣に勉強したいと思うようになりました。

自分を生かせる仕事はなんだろうと考えたのです。そこで、カウンセリングの学校へ行くようになったのです。

会社をいったん辞めて、その会社から現場の仕事を分けてもらいながら勉強したのです。不安はありました。収入がガクッと下がりますから。でも、とにかく卒業するまでは何としてもやり遂げようと思いました。

でも、やるしかないと思ったのです。知りたかったんです、どうすれば自分が役に立つかを。

引きこもっていた経験を生かした仕事がしたい。カウンセリングを勉強すれば、何かがわかるんじゃないかと思ったわけです。「ここで勉強したい」と決めた時、スパッと仕事を捨てたんです。

Kさんは、極端な話、死んでも構わないと決心して、思いっきり踏み込んで真我を引き出しました。だからこそ、これほど大きく変われたのです。**「本当の自分」に目覚めることで、自分を心から愛することができました。**だから、憎んでいたお父さんにも感謝ができたのです。

そして仕事のことも、より価値のあると思われることに出会うと、捨てることができるという良い実例です。

Kさんにとっては、目先の収入よりも、勉強のほうが価値があったわけです。自分を生かすための仕事に関わる勉強ですから。こうした生き方ができるのも、「人の役に立ちたい」という自分の使命を果たすことに喜びを見い出せる意識になったからなのです。

愛そのものの、光そのものの自分に目覚めたことで、彼は見事、長年の引きこもりから立ち直りました。それどころか、つらい体験を財産にし、人のために役に立つ生き方を実践し、あれだけ嫌いだった自分が消え、「本当の自信」が生まれたのです。

体験談6

「本当の感謝」により「敵やライバル」が消えてすべてが一体化した

私は真我に出会ってから、人生観が大きく変わりました。

以前は、人生には勝ち組・負け組はいる、あるいは、市場を独占し一人勝ちできるような会社が良い会社と思っていました。だからこそ、敵も多いと。

ですが、いまは人生には勝ち組・負け組もないこと、そして「市場シェアの大きい会社」＝「良い会社」とは限らないと考えています。

逆に言えば、長期的に繁栄している会社は、自社のことだけでなく、業界や社会全体のことを考えて経営しており、敵やライバルが少ないという共通点があります。

実際、いろいろな商品やサービスを販売していると、お客様からよく競合商品との比較や違いを聞かれる場合があります。

そんな時、以前の私なら例えば競合他社との比較表をつくる場合には、あまり他社のことを詳しく調べもせず、自社商品の良い点を目立つようにして、いかに自社製品が競合他社より素晴らしいかということを強調していました。

しかし、真我による本当の感謝を体感してから、**「お客様が喜ぶこと」＞「売上」という行動指針に180度変わりました。**

競合他社のこともできるだけ詳しく調べて、自社にとって不利な情報もできるだけ公開し、お客様目線で情報を提供することにしたのです。

正直、契約率が下がることも覚悟しました。ですが、不思議と契約数はどんどん増えてきました。

先日、私の会社でリモート営業支援ツールの導入を検討するべく、あるＩＴベンチャー企業のオンライン製品説明会に参加した時の話です。

創業者のＴ社長は、自社開発製品の一方的な売り込みをせず、ユーザーの要望や課題に合わせて、**競合他社の製品も推奨していたのです。**

例えば、「御社の場合だったら、弊社のＡではなく、競合他社Ｂのほうがオススメです」といった具合です。私も長年営業していますが、そこまではっきりと競合製品を勧めるセールスはほとんど見たことがありません。しかしユーザーの立場である私は、その営業姿勢に大変感銘を受けました。

ちなみにこのＩＴベンチャー企業は、上場企業数社と資本提携し、このコロナ不況でも急成長しています。またＴ社長は、東洋経済新報社「すごいベンチャー１００」にも選出された新進気鋭の30代の若手経営者です。

Ｔ社長は最後にこう話していました。「自社だけが成長しても意味はないと思うんです。競合他社と一緒にみんなで一体となってオンライン営業の支援をしていくことが、日本の経済のために良いことだと思っています」と。

この時、私は確信します。もともと、ビジネスや経営には敵やライバルなどいないと。自分の頭の中に「ビジネスには勝ち組と負け組がいる。だから勝ち組にならなければならない」という思い込みがあっただけなのだと。

もちろん、なんでもかんでも情報を公開すれば良いということではありませんが、お客様や社会のためになることであれば、進んで情報を公開する。たとえそれが、自社の利益にとって一時的にマイナスになる可能性があってもです。

ですので、これからの経営においては、単に自社の利益のためなら、他社やライバルはどうなってもいいという考え方ではなくて、**業界や社会全体、ひいては日本や地球全**

体の利益に貢献するという考え方がもっとも大切になっていくのではないでしょうか。

そして、そのような経営をしている会社に敵などできるはずがありません。まさに無敵。

無敵の経営というのは、単に業績が安定して資産が多いとか、財務基盤が強い会社とかではなく、**ただひたすら本当の感謝をお客様や取引先や社員・スタッフさん達に伝えて、真我の経営理念を日々のビジネスで貫いている会社**のことを言うのだ、と私は思います。

私が尊敬する経営コンサルタントでアントレプレナーセンター代表の福島正伸さんが、著書『真経営学読本』(きんざい ２０１６年８月10日発行 82ページより)の中でこんなエピソードを紹介しています。

ある大手企業の社長と社員との間で実際に起きた話です。

その社長さんは、いわゆる生え抜きではなく、他の業界からの新参者であったため、社員との間に目に見えない大きな隔たりがあったそうです。

「どうしたら一体感のある会社にできるのか?」社内で真剣に悩んでいたところ、ある一人の社員が途方もない奇想天外な企画を出してきたそうです。

それは、社長の誕生日に、全社員の子供達からバースデーカードを送るというものでした（当然、当の社長には伝えずに）。

あなたの会社で想像してみてください。普通なら、「なんでそんなことしなきゃならないの」という反応が返ってくるでしょう。この会社も例外ではありません。案の定、協力してくれない人が多数でした。

しかし、その企画を出した社員は決して諦めませんでした。彼は社員一人ひとりに話しかけ、説得していきました。そのうち、根負けして賛同してくれる人が出てくるようになり、バースデーカードを書いていってくれたそうです。

そして、社長の誕生日。いつものように社長が出社し、社長室のドアを開けて中に入ると、大きなダンボール箱が置いてあり、リボンまでかけられていました。

「何だ、これは？」

箱を開けると、たくさんの手紙が入っていました。すべてひらがなで書かれています。

そして、その手紙を読み始めると……。

「パパに給料を払ってくれてありがとう」

「お仕事をくれてありがとう」

社員の子供さん達から、たくさんのメッセージが書かれていたのです。社長はそれを読んでいるうちに、感動して泣き始めてしまいました。

さらに、その様子を一部始終社員がビデオカメラに収めており、後日その動画を社内で公開したところ、多くの社員が感動したそうです。

そして、その後すごい奇跡が起こります。なんと、その社長は、全社員15歳以下の子供の誕生日に直筆でバースデーカードを書いて贈るようになったそうです。しかも10年間一度もかかさず。

この会社がその後どうなったか、言わずもがなですが、とても一体感のある会社に生まれ変わったそうです。

このエピソードは、一見すると、ある会社でたまたま起きた単なる美談と思われるかもしれません。

しかし、私から見ると、この話の本質は、一人の社員のちょっとしたアイデアと勇気によって、見返りを求めない純粋な**「本当の感謝」が他の社員や家族までに伝播し、それが経営トップにまで伝わった、それによって会社全体を一体化することができた**という、素晴らしい実証例ではないかと思っています。

私は、**企業というのは、経営者と社員すべての心の集合体**であり、その心のあり方がそのままビジネスや商売に反映していくと考えています。

偉そうに言っていますが、私がいまの会社で真我の理念で１００％経営できているかといえば、正直まだまだクエスチョンマークです。

ですが、これから何か大きな経営判断をするときは、真我の軸からぶれずに、考えて行動していけば間違いないと確信しています。

体験談7

「本当の感謝」によって障害や逆境を乗り越えることができた

最後に、本当の感謝により、ハードな障害や逆境を乗り越えた体験談をご紹介します。これは、佐藤先生の『真我54巻　真我で生まれ変わった実体験者（前編）』の中で紹介されている体験談を私が抜粋したものです。

Mさんは当時38歳で無職。佐藤先生と会った時も、生きる気力はゼロでした。そして話を聞くと、20年近く大変な苦難の道のりを歩んできたことがわかりました。

少年時代は、両親が毎日激しい喧嘩をするのが日常茶飯事。多感な時期に、自身の気持ちを訴えても何も聞いてくれず、だんだん自分の存在を否定するようになっていき、中学の時には自殺を考えました。

19歳のときには交通事故に遭い、奇跡的に助かったものの、4年間は満身創痍の状態だったそうです。

その後、一級建築士になって働き出し、結婚して子供ができ、生まれて初めて幸せを体験しますが、それも束の間、数年後に奥さんから別れを切り出され離婚。今度は大きな心臓病を発症します。

仕事を続けることができなくなり、無職の状態になり、Ｍさんは完全に生きる喜びを失い、３年以上も引きこもりの状態でした。

そんな中、自分のような人生を送っている人を再起させている真我開発講座のことを知り、思い切って受講します。Ｍさんは、苦しんでいた分、本当の自分を求める気持ちも大変強かったのか、真剣に講座に取り組んだそうです。

そして、ついに真我を引き出し、本当の感謝を心の底から体感します。

その後、彼は心臓病を克服し、健康な体を取り戻します。そして、まずはアルバイトからスタート、一生懸命に仕事に励みました。

Ｍさんが、そのときの心境を佐藤先生にこう語っています。

「すべてが愛なんだ。**苦しみさえも愛なんだ**、と思えるようになってきました。傷口がかさぶたになり、皮膚になっていくような感覚でした。

毎日が、以前では考えられないくらい楽しくなってきました。それに来月から塾に勤めることになったんです。これからが本当の人生の出発という感じです」

普通「感謝」というと、自分を助けてくれた人や対象に出てくる感情ですが、本当の感謝を体感すると、その自分を苦しめてきたはずの「病気」や「自分から離れていった人や裏切った人」に対しても、自然と「ありがとう」という感情になっていきます。**これは頭やインプットの知識では、不可能です。**

そしてなんと、子供時代に喧嘩ばかりしていたご両親も、10歳の娘さんも、真我開発を受講するようになります。それによってMさんの家族みんなが希望を取り戻し、明るい人生に向かって歩み始めることができたのです。

私もMさんほどではありませんが、これまでいろいろな障害や苦難に出会い、時には絶望し、うつにもなりました。

でも、絶望やうつを経験したおかげで真我に出会い、本当の感謝を体感することができました。

読者の皆さんの中にも、人に言えないような苦しみを体験したり、もしくはいま、そのような状況の方がおられるかもしれません。

しかし、たとえいかなる状況でも、真我を引き出して、それを日常で少しずつでも実践していけば、運命は１８０度好転するということを、私を含め、多くの方が実証しています。


さて、これまでいろいろな体験談を通して、本当の感謝とは何かをお伝えしてきましたが、**今度はみなさんの番です。**

いくら私が「真我は素晴らしい」と伝えても、この言葉の本当の意味は、みなさん自身で体感することでしか理解することはできません。

それが、これまでの学問や宗教、成功哲学の「教え」と決定的に異なることです。

これまで多くの人が、「両親に感謝すべき」とか、「利他の精神を持つべき」と教えられてきたと思います。ですが、時にその教え自体が、自分自身を苦しめてしまいます。

なぜなら、**頭ではわかっていても心の底からそう思えない自分がいるから**です。二人の自分が対決してしまいます。

ではどうすればいいのか？　それは、その二人の自分を受け入れてしまうことです。

そのためには、「両親に感謝しなければならない」「利他の精神を持たなければならない」という教え（執着心・価値観・世間の常識）も一旦すべて捨ててしまいます。

すると、不思議と心が軽くなって、今度は、心の底から両親への感謝やお詫びの気持ちが湧き上がってきます。そして、本当の自分に出会います。

Mさんも、そのようにして地獄のような生活から抜け出し、本当の希望を掴んだのだと、私は思います。

この本は、ただただ「本当のあなたは素晴らしい」ということ、それをあなた自身で気づいてもらう方法や実例をいろんな角度やテーマから伝えているだけなんです。

それによって、一人でも多くの人が、真我を引き出し、本当の感謝を体感して、そしてそれを、みんなで仕事や日常生活で実践していったら、どんなに素晴らしい世の中になることでしょう。想像しただけで、ワクワクしていきます。

そして、そんな時代が来るのは現実にそう遠くないということを、最新の情報を交えて、最終章でお伝えしてしていきます。

SHINGA

第5章

「本当の感謝」の連鎖が創る新たな世界とは?

世界はこれまで誰も体験したことがない未曽有の危機を迎えています。
真我に目覚め、本当の感謝を実践していくことこそが、
コロナ、経済、心の問題すべてを同時に解決することにつながります。

ポストコロナで見えてきた「目には見えない本当に大切なもの」

いま、世界はこれまで誰も体験したことがない未曾有の危機を迎えています。世界中の人がコロナウイルスのワクチンの実用化を願っていますが、コロナ以上に大きな問題となってくるのが経済問題（倒産・失業）です。そして、そのあとにくるのが心の問題（トラウマや精神疾患・うつ）。

ワクチンができれば、感染症を止めることができるかもしれません。ですが、ワクチンで不況や倒産を救うことはできません。

経済は、国や政府がいろいろ対策を打つことでしょう。ですが、あくまで対症療法です。

そして、心の問題は？　精神医療や薬に頼ることになるのでしょうか。

実はみんな気がつき始めているのではないでしょうか。**対症療法ではもう限界だと。**

何か大きな転換期が来ているのではないかと。

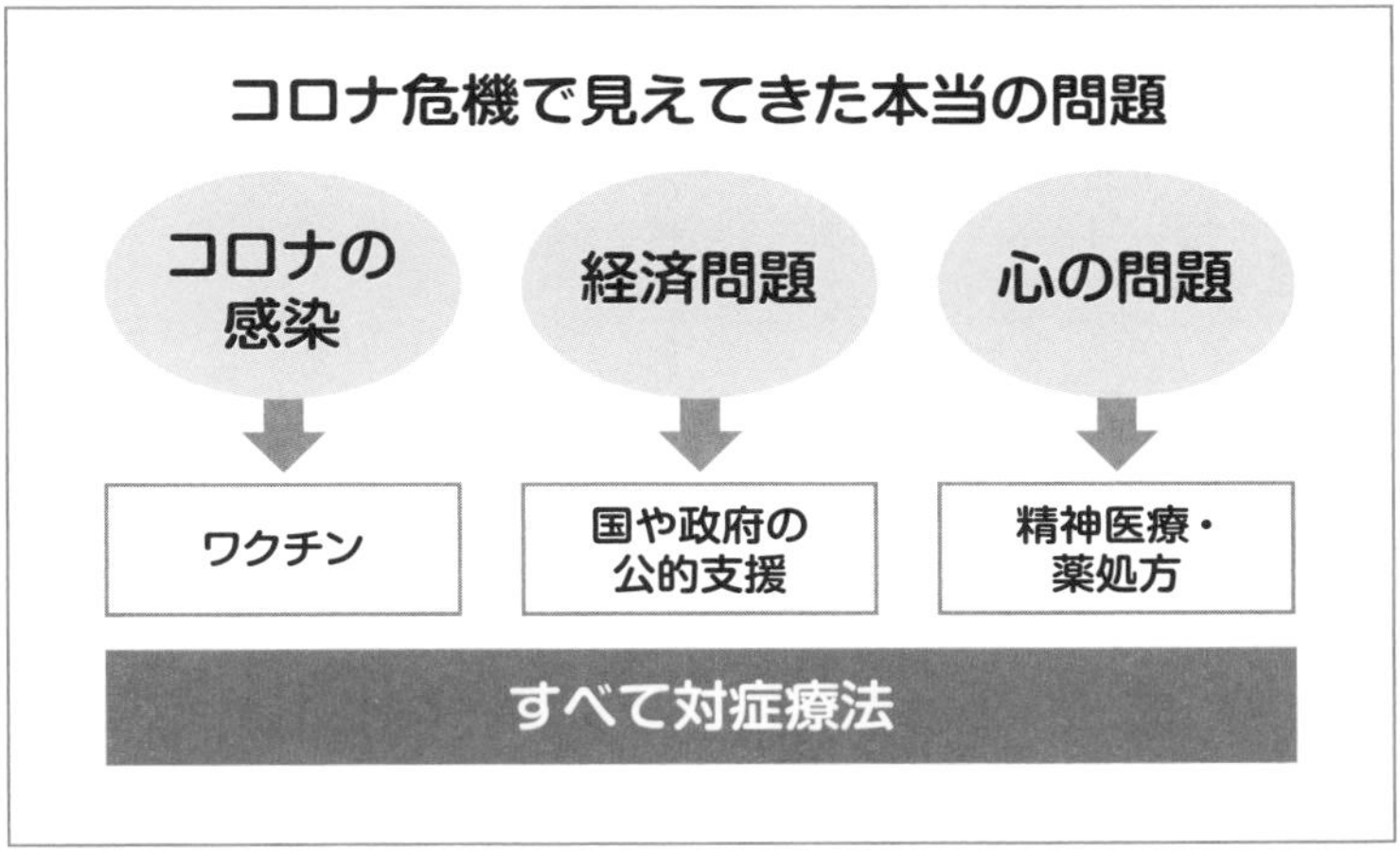

コロナの時は、感染による被害よりも、メディアの情報による「恐怖」という思い込みの伝染が人々を苦しめました。

経済の問題もそうです。倒産や失業などでお金に困ることと、命を絶つことは、本来直接は何の関係もありません。**すべて「恐怖」という人間の思い込みです。**

特に日本を含め、先進国の人々は、「仕事や会社の中に人生がある＝仕事（お金や財産）＞人生」という考え方の人がまだまだ多いです。

ですので、会社や仕事に希望が見えなくなると、絶望してしまいます。本当は「人生の中に仕事がある＝人生＞仕事」なわけです。

今回のコロナ危機はそんなことを教えて

くれているような気がしてなりません。つまり、**「人間はそろそろ自分勝手な思い込みから解放せよ」と。**周りの自然を見渡してみてください。

コロナが蔓延しようが、経済がどうなろうが、花・植物・山・川・そして動物・虫たちは何ごともないかのように悠然と生きています。

なぜ、地球上に２０００万種類以上あるとされる生物の中で、人間だけが唯一慌てて、恐怖に怯え、自ら傷つけようとするのか。

ひまわりはひまわりで素晴らしい、朝顔は朝顔で素晴らしいのに、人間だけが、あの人のようになれば幸福になるとか、あの人のようになっては不幸だとか、どこか他人と比較しながら生きています。

ではどうすれば良いのか？　何度もお伝えしてきたように、私を含め、皆さんの中にはすでに最高の自分がいます。それに気づき、引き出し、実践していくことです。

そして、**真我に目覚め、本当の感謝を体感していくことこそが、コロナ、経済、心の問題すべてを同時に解決する根本的な解決につながります。**

コロナ感染の根本的な解決とは、人間の免疫力向上です。コロナのワクチンができたあと、また新しいウイルスが発生したらどうするのでしょう。都度怯えて暮らすのでしょうか。

人間の持つ自然治癒力は、あらゆる感染症や疾患を抑えることが可能です。すでに医療の専門家の間でも、そうした考えが広まってきています。

免疫力を高める方法は、食事を含めてほかにも色々ありますが、第1章でお伝えしている通り、オキシトシンという脳内物質の分泌を高めることが免疫力を高めることになるとわかってきています。

そのオキシトシンを分泌させる一番良い方法は「感謝」であり、「人への思いやり」です。そして、真我とは、その本当の感謝であり、頭ではない心から自然に出る、人への思いやりです。

経済の問題は突き詰めて行けば、すべて人間関係です。お客様と取引先との関係、金融機関との人間関係、社員スタッフとの人間関係など。

もちろん、いくら人間関係が良好でも、コロナや災害、予期せぬ事故によって売上が一時的に大きく落ち込むこともあるでしょう。

しかし、長期的に繁栄している企業の多くは、お客様と取引先、金融機関、社員、あるいは社会との関係が良好な場合が多く、結果として、幾多の不況や危機を乗り越えてい

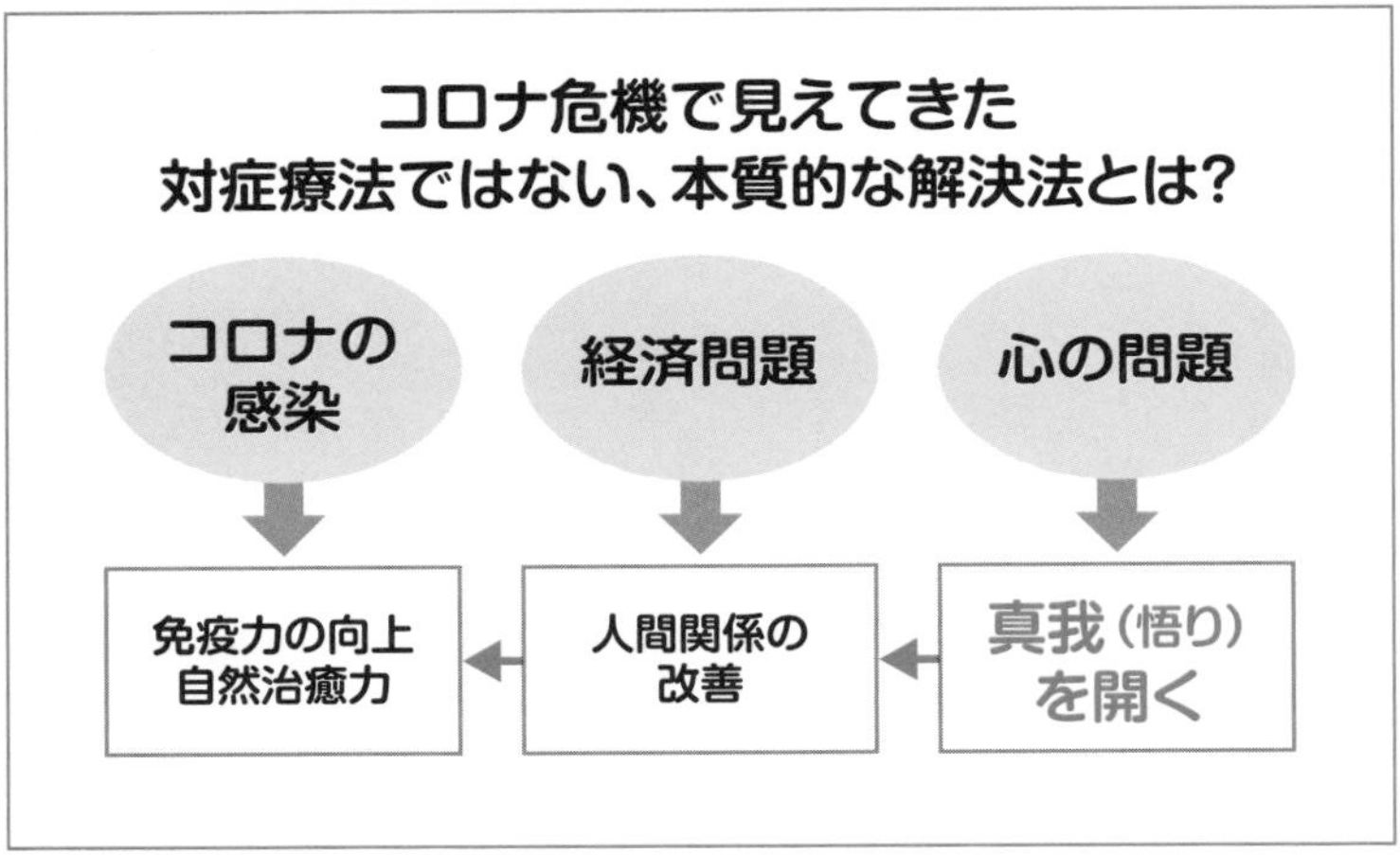

ます。

そして、心の問題解決は、真我（悟り）を開くことです。精神医療や薬事療法によって一時的に心が軽くなることはあるでしょう。私も経験があります。ですが、それでは、何かつらいことが起こるたびに再発してしまいます。

上の図の通り、真我（悟り）を開くことでまず心の問題（うつ、トラウマ、依存症）を解決し、それによって周囲との人間関係は劇的に良くなり、パワハラなどは皆無になります。

そして免疫力も高めることになり、人間本来が持っている自然治癒力も大幅に向上していくというわけです。

つまり、真我によって、心の問題＝経済の問題＝コロナ感染の問題、すべてを同時に解決することが可能になるのです。

これまでの社会は、経済、ＩＴ、医療、教育、政治、すべて出発点は人間が考える脳になっています。つまり、そこにはある特定の人や団体の価値観が入ります。いまのＷＨＯ（世界保健機構）が良い例でしょう。本来、国連などの世界的な機関は、ある特定の国の都合や主義とは関係なかったはずです。ですが、特定の国の思惑がＷＨＯという国際的な機関の中に反映されると、他の国は反発します。つまり、国のエゴ（自我）のぶつかり合いになるわけです。ではなぜ、人の命を守るはずの組織でそのようなことが起こるのか？

みんな人や自然のため、世界のためと言いながら、いざとなると価値観のぶつかり合いで衝突したり、非協力的になったりします。そうすると、自然とこれらは分離し、不調和の状態になっていきます。今回のコロナ危機でわかった通り、コロナ問題、経済、心の病気はすべてつながっているのに、実際にはそれぞれバラバラなことをしています。

我々人間は「頭脳」という素晴らしい機能を持っていますが、いくらこれがバージョンアップしようが、限界があるということです。

そんなこと以前からわかっている。でも現実的にどうしたら良いのか？

それには、少しでも多くの人が真我「悟り」に目覚めて、エゴの思想から、調和の世界へ意識次元を高めるほかありません。

確かに、真我はまだまだ一般には知られておらず、マイナーなアプローチです。ただ、そこにつながる兆候は、ここ数年前から起き始めています。特に企業・ビジネスの世界ではそれが顕著です。

近年、ＧｏｏｇｌｅやＦａｃｅｂｏｏｋなどの大企業でマインドフルネスが導入され、ちょっとしたブームになっています。

マインドフルネスとは、一種の瞑想法です。「いま」の自分にフォーカスし集中力を高める方法で、社員のストレスマネジメントの一環として様々な企業が採用し、実際効果を発揮しています。

そして、そのきっかけをつくったのがアップルの創業者、スティーブ・ジョブズ氏と言われています。世間一般にはあまり知られていなかったことですが、ジョブズは自社の経営や商品開発の思想に「禅」を取り入れました。

ｉＰｈｏｎｅ、ｉＰａｄ、Ｍａｃｂｏｏｋなど、世界を席巻した革新的な商品のデザインはとてもシンプルです。そこには**「余分なものは捨てる」**という、禅の思想が反映されています。

また、ジョブズ氏が２００５年に米スタンフォード大学の卒業式で行った有名な演説の一部、**「ハングリーであれ。愚かであれ」も、禅の言葉をベースにしていると言われています。**

私はこうした一連の動きは、実は世界の経営者やマネジメント層は、「目に見える世界の限界」、言い換えれば「目に見えない世界の重要性」を理解し始めているからではないかと考えています。

もちろん、ＡＩを中心とした技術革新はこれからも続くでしょう。ですが、今回のコロナ危機で露呈したのは、人間は自然の脅威の前ではあまりに非力であることです。

いくらＩＱ２００の人が束になろうが、コロナの感染・経済・心の問題を同時に解決することはできません。

確かに人間の頭脳や知恵によって、文化やテクノロジーは凄まじく進化してきましたし、これからも進化していくでしょう。

しかし、佐藤先生は言います。**「その人間の頭脳をつくったのは一体誰？」**

うーん、宇宙？　神様？　Ｇｏｄ？　いろいろな答えや反応が出てくることでしょう。

言葉や表現はともかく、1つ共通するのは「人間の目には見えない何か」であること。筑波大学の村上和雄名誉教授は、「サムシンググレート（偉大なる何か）」と呼んでいます。そして、1つだけはっきりしていること。それは、**「人間の脳をつくったのは人間ではない」ということです。「心臓を動かしているのは自分ではない」我々はそんな当たり前のことを忘れつつあります。**

実は、大昔から世界の偉人と言われる人達はそれがわかっていた、キリストも釈迦も、孔子も、ソクラテスも。

多くの人が、その大切さを頭では理解している。でも現実の仕事や生活の中で埋没してしまいます。著名な学者や本が「人間はこう生きるべき」という教えを説くだけでは、本質的にはこれまでと何も変わりません。

ではどうすれば良いのか？

真我に目覚めるしかありません。真我とは、お釈迦さんのいう「悟り」そのものです。お釈迦さんもお弟子さん達も、それを世に伝えるために座禅や厳しい修行をしていたのだと思います。

ただ、現実に一般の人が毎日座禅や厳しい修行を積むのは難しいです。

あの京セラの稲盛さんも、当初は、凡人に悟りを開くのは無理だとおっしゃっていました。しかし、世界でたったひとつ、凡人でも悟りを開く方法があります。それが佐藤先生によって開発された「真我開発法」なのです。

一般人でも「悟り」を開ける「真我開発法」はどうやって生まれたのか？

佐藤先生はもともと起業家であり、経営者です。

いまから30年前、「ステーキのくいしんぼ」という、現在の「立ち食いステーキ」の原点となるビジネスモデルを発案し、業界初の格安ステーキチェーンの店舗をスタートし、わずか8年で70店舗まで拡大させました。このとき年商50億。成功した経営者としてマスコミからも脚光を浴びます。

しかし、そんな絶好調の時に、人生最大の壁にぶちあたります。それまでは、目標100店舗という会社や経営の規模拡大を追求していたわけですが、突如、「自分は一生、レストランチェーンの経営者でいいのか」という問いかけが出てきたのです。

そして、自分の本当の使命はなんなのか？　その答えが見つからず、数日間、完全に引きこもり状態になります。これまでにない人生の落ち込みを経験し、「人は指一本触れずに死ぬことができる」と思ったそうです。

この時のことを佐藤先生はこう振り返っています。

「生死ギリギリの状態にまで落ち込んでしまい、**『魂の臨死体験』**とでも言えることを経験しました。そこから生還したとき、自分の中のビジネスの壁が壊れて価値を失いました。当時はビジネスをしながら講演会やセミナーを開いていました。

私のところへ来られて、命が救われた方がどんどん増えてきた時にビジネスの成功者に魅力を感じなくなっていたのです。相手がどれだけのお金持ちであっても、そしてそれは自分に対しても、です。そして、『残りの人生を命の脳で生きよう』私はそう決心しました。」

そこから生まれたのが、真我開発法です。それは佐藤先生の人生体験とインスピレーションから生まれた、世界で初めて真我を人の心の中から引き出す方法です。

従来の宗教や哲学のように、何か「教え」を説くのとは全く逆の方法です。

その後、経営者を卒業し、この道一本で行くことに舵を切りますが、なんと自分で立ち上げたステーキチェーン店の経営権をすべて譲渡します。しかも業績が絶好調の時にです。売却ではありません。ですので、**佐藤先生には会社の利益や資産も一切入りません。文字通り、すべてを捨てたのです。**

そして、これまでの経験をベースに心の専門家として、1991年に「心の学校」を創立します。

これまで世の中で他に誰もやったことがないことですから、最初は本当に誰でも実践できるのか、確証はありませんでした。

ですが、実際にやっていくと、一人二人と、人が変わっていく、それも、うつ病の人、依存症、離婚寸前の夫婦、倒産して明日死のうと思っていた経営者がたった数日で目をキラキラ輝かせている。

そしていつの間にか受講者は10万、20万人に増え、真我は誰にでも例外なくあることを確信します。

ところが……宇宙は佐藤先生に大きな試練に与えます。

脳梗塞で、突然倒れるのです。実は佐藤先生のお母さんも、若い時に同じ病気で亡くなっています。そして医者からは「回復は難しい。一生寝たきりの可能性がある。」と宣告されます。

さすがにこの時は「一瞬、窓から飛び降りようと思った」そうですが、一方で「別に死ぬのは怖くない。だけど、この真我を、日本、いや世界に広めるまでは絶対に死んでたまるか。這ってでもやる!」と決意します。

そして数か月後、奇跡の復活をします。

医者は一生寝たきりと言っていたのに、自分で歩けるようになり、利き手の右腕が動くようになりました。言葉も普通に話せるようになりました。左半身は不自由のままですが、佐藤先生はこう言いました。

「これまでの人生の中で、最も健康で、最も幸せで、最も楽しい」と。

そして、水を得た魚のように、真我を世に広めるべく、活動を再開します。仲間やパートナーも日本中、世界中にできてきました。

政治家（元国務大臣）、経営者、科学者、教育者などあらゆる分野の人達が、佐藤先生の協力者になっていったのです。その後、何冊もの本がベストセラーになり、いよいよ、真我が少しずつ一般的に受け入れられるようになってきました。

30年以上前、佐藤先生がたった一人で始めた真我開発は、いつの間にか受講者が40万人を超えました。著者の私もその一人です。この本で紹介した体験談の人達も全員そうです。

そして２０１９年（令和元年）に、一人の偉大な経営者が「真我にいたれば、一瞬ですべての真理がわかる」と公言するようになりました。

それが、京セラ創業者であり、ＪＡＬ名誉会長などを務められた稲盛和夫さんです。

稲盛さんが語った「真我から見える世界」

稲盛和夫さんといえば、日本を代表する世界的な名経営者の一人です。その稲盛さんは、著書『生き方』や『心。』（サンマーク出版）の中で、真我を経営や人生における最も重要なものとして記述されています。

うち一節をご紹介します。

「心の最も中心にある「真我」から世界を見て物事を判断できたら、その判断はけっして間違うことはありません、なぜなら先に述べたとおり、真我とはすなわち、この宇宙を宇宙たらしめている存在そのものだからです。

心をひたすらに磨いていって、真我そのものの意識になることができたら、この世のあらゆることが瞬時に理解できるはずです。」（『心。』157ページより）

実は、稲盛さんが一般向けの本で真我について書かれたのは、2004年に出版された『生き方』が最初です。ここでも真我の素晴らしさを説いていますが、一方でこうもおっしゃっています。

「しかし、すでに述べたように、普通の人間はついに悟りに届くことはできません。凡夫には心を磨ききって真我まで到達することはほとんど不可能なのです。」（『生き方』239ページより）

実は、この出版のあとくらいに、**佐藤先生は、京都の京セラ本社で稲盛さんとお会いになり、真我について直接お話されています。**

その対談の詳細については割愛しますが、ここで佐藤先生は稲盛さんに、我々普通の人でも真我を実践できることを数々の実証例を示して、2時間以上お話されたそうです。

その後、稲盛さんは仏門に入れられますが、出家はされず、日本航空（JAL）の再建に着手され、わずか数年で見事同社を再生させます。

のちに稲盛さんは、**日本航空の再建とは、単に再生計画がうまくいっただけではなく、役員や従業員一人ひとりの思いが劇的に変わっていった、「心の改革」だった**と述べています。

そして、2019年に『心。』を出版されますが、最終章で真我についてこう書かれています。

「瞑想《めいそう》でも座禅でもよいのですが、毎日短い時間でもよいので、心を平らかに鎮めるひとときをとることによって、真我の状態に少しでも近づくことができる。それは人生全般を豊かで実りあるものにしてくれる一助となることでしょう。」（『心。』１８９ページより）

ちなみに、『心。』では合計20回以上も真我という言葉が出てきます。あと、注目すべきことがもうひとつあります。この『心。』という本は、元号が「平成」から「令和」に変わった直後に出版されていることです。

これが意図的か否かは問題ではなく、私は令和という新しい時代になったタイミングで、日本を代表する経営者が、真我について、ここまで掘り下げた本を出版され、ベストセラーになっていることに大きな意味があると感じています。

近い将来、必ず「真我」は経済・ビジネス・医療・教育界の常識になる！

ここ数年、経済・ビジネス界においては明らかに「心」に対する取り組みや提言が増えてきています。

２０１５年、企業のメンタルヘルス対策として、ストレスチェック制度が義務付けされました。

また、２０１６年以降、Ｇｏｏｇｌｅ、Ｆａｃｅｂｏｏｋ、マッキンゼーなどの大企業が、マインドフルネス（瞑想によるメンタルトレーニング法）を幹部や社員研修に導入し始めました。米国のニュースサイト「ハフィントン・ポスト」創業者のアリアナ・ハフィントン氏によれば、マインドフルネスをベースとした社員訓練プログラムを導入する大企業、中規模企業が全体の35％に達しているそうです。日本の企業（Ｓａｎｓａｎ・メルカリなど）でも導入する企業が増えています。

２０１８年からは「働き方改革」を政府が推奨。これには賛否両論がありますが、もともとは「これからは仕事もプライベートも充実した人間らしい生活をしてほしい」という考え方がベースにあります。

２０２０年6月には日立製作所が新たなハピネス&ウェルビーイング産業を創生することを目的とした株式会社ハピネスプラネットの設立を発表。人間の心や幸福にフォーカスした新しい事業分野を立ち上げました。

また真我については、稲盛さんをはじめ、元内閣官房参与で企業マネジメントの専門家である田坂広志さんも、「昔から多くの人が信じてきた「神」「仏」「天」「大いなる何か」とは、実は、空の彼方の「天国」や「極楽」や「天上」などに存在する何かではなく、我々の心の奥深くに存在する何かであり、それは、**最も深い次元での「我々自身」、言葉を換えれば、「真我」（True Self）と呼ぶべきものであることを意味している。」**（『運気を磨く 心を浄化する「3つの技法」』（光文社２０２０年2月29日発行）２２８ページより）と自身の著書で述べるなど、確実にビジネスの世界で拡散され始めています。

そして、その真我の第一人者である佐藤先生は、２０２０年に「真我１００巻」を出版するなど、これまでになく、精力的な動きでアクセルを全開にされています。

もはや、この流れが止まることはなく、今後さらに加速していくことでしょう。

一般の精神医療やカウンセリング	真我「心の再生」医療
人間は肉体でできている	人間は心でできている
目に見えるもの（過去のデータ）が中心	目に見えない世界も重視する
良い教えで救われる	良い教えはかえって苦しむ
病気は敵である	病気は敵ではない
病気を治す	本来の自分に戻す
薬物治療が中心	薬物を使わない治療
先生が患者にアドバイス	真我を引き出す方法を伝えるだけ
自己中心のエゴは良くない	エゴは自分を愛している証拠。否定しない
過去や記憶は変えられない	過去の捉え方を変えることはできる

一方、医療の分野でも真我が浸透し始めています。佐藤先生が理事長であるＹＳ心のクリニックには、うつ病、統合失調症、引きこもり、アルコール・薬物依存、がんや脳疾患など重病でかなりステージが進んでいる方が日々診療に来られます。

そこで行っている医療は、「心の再生」医療といって、一般の精神医療とは全く異なります。

異なるというか、ほとんど正反対です。一般的な精神医療の発想と真我の医療の発想の違いを表にまとめてみました。

京都にある万井医院院長の万井正章先生は、この真我の再生医療を実際に見て、こう言われています。

「遂に究極の求めていた医療に出会うことができました」

ちなみに万井先生は、婦人科・内科・小児科の「西洋医学」に加え、ＰＲＡ療法、ゼロ磁場ドーム、サプリメント療法、自然療法などの統合医療・代替医療を取り入れ、一人ひとりに応じて診療をするホリスティック医療を提供されている医学博士です。

他にも医学界の先生達が、真我をベースとした医療を本気で推奨し始めており、医療現場にも真我が浸透し始めております。

古代ギリシアの「医学の父」ヒポクラテスは、「私達の体内には１００人の名医がいる」と言いました。その「名医」が活躍できるよう細胞レベルにまで踏み込んでいくアプローチが真我の再生医療です。

一方で現代医学のテクノロジー進化には目覚しいものもあります。それはそれで大変素晴らしいことです。

しかし、今回の新型コロナウイルスのように、新しい疾病が突如、世界を襲います。アルツハイマー病もいまでは多くの人に知られていますが、最先端の医学テクノロジーを持ってしても、まだ解決策は見い出せていません。

中でも深刻なのは、精神の病です。日本ではいま、表面化していない人を含めると精神疾患にかかっている人は１０００万人以上いると言われています。国民全体の10％です。

そして、自殺者は近年減少傾向にありますが、それでも年間に３万人近くいます。数値だけでみると、コロナ感染より深刻です。

精神疾患は、他人からほとんどわかりません。本人が告知していない限り、表面的にはわかりませんし、家族も周囲も気がつきません。

しかし、本当はみんなわかっているのです。心が一番大事なことを。だけとどうコントロールして良いかわからない。傷ついたり落ち込んだりした心やトラウマをどう処理すれば良いのか？

それゆえ、精神科に通う人は年々増えているわけですが、一般的な精神科の病院やメンタルクリニックでは、いろいろ細かい問診票を記入したあと、先生が患者の話を聞き、「大丈夫ですよ」と言われて、抗うつ剤と睡眠薬を処方されて終わりです。

私もうつになったとき、２つの精神科（メンタルクリニック）に通いましたが、診療に行った時と、薬を飲んだ時は確かに気持ちが楽になります。

ですが、また数日すると落ち込むのです。当時は「薬は継続が必要なのだ」と言い聞かせていましたが、周囲にもう20年以上、抗うつ剤を飲み続けて寛解していない人の話を聞き、うつ病は薬では解決できないのだと認識します。

その後、真我を知り、自分がうつになった根本原因に手をつけなければ、永遠に治らないことがわかりました。

そして「うつ」を敵としてみなし、排除しようとするのではなく、元に戻せば良いのだと考え始めたとき、大きな希望の光が見えてきたのです。

そうした観点で見ると、真我とは「本来の人間に再生していく全く新しい医療」とも言えるでしょう。

真我は「人生のマスターキー」です。

マスターキーとは、その1本で多くの鍵を開けることができる全部屋共通の鍵です。ホテルなどでよく使われますね。つまり、真我は人間生活の多くの場面で活用できるという意味です。

教育も例外でありません。とりわけ教育の現場での最大の問題は、やはり「いじめ」ではないでしょうか。警察庁の調べによると、近年国民全体の自殺率は下がっていますが、19歳以下の自殺者数は2019年度599人（前年比32人増）で、人口10万人あたりの自殺者数を表す「自殺死亡率」が前年より増加となったのは10代だけだそうです。

また、その原因・動機ですが、19歳以下の未成年でもっとも多かったのは「学校問題」で、全体の約4割に上ります。

これを教育の問題としてどう捉えるか。まずは教師や親御さんに真我を伝えていくことが大切ではないかと思います。やはり子供の手本となるべき先生に「本当の自分」はいかに素晴らしいかを知っていただく。そして、それを生徒にそのまま伝えることです。

これまでの教育は、「いまの君はここが欠けているから、完璧になるためにはここを治しなさい。そして、あのような優秀な子を見本にしなさい」といういわゆる**三日月型かつ全員均一型アプローチ**でした。

ですが、真我の教育は、「いまの君はそのままでもともと素晴らしいんだ。その個性を思う存分発揮してごらん」という**満月型の個性重視アプローチ**です。

そんな先生が行う教室の授業内でいじめなど起こるはずがありません。

なぜなら、**いじめが起こる理由は、自分が愛されていない思う子供が、もっと自分を知ってほしい、愛してほしいという思いから出る、反動の行為だからです。**だから、その自分に気づいてほしいために、いじめとなる対象の子を見つけ、傷つけるようなことをするのです。

そんなことを言うと、教育の現場も知らない素人に何がわかると言われそうですが、真我開発講座は大学教授から小中高の校長・一般の教師の方まで、多数の教育関係者が受けており、すでに実際に学校で真我を実践している先生もいらっしゃいます。

これは、佐藤先生の『奇跡を呼び込む「わがままスッキリノート」』という本に出てくる体験談ですが、中学校の教師をされている川端さん（仮名）が、自ら真我を体感して授業に取り組んだところ、それまで、**自分のことを呼び捨てにしていた子が、だんだん変わって、「わたし先生大好き」と書いた紙を黒板に貼ってくれる**ようになったそうです。

またクラスに3人の不登校児がいたらしいのですが、うち2人が元気に登校するようになり、子供達が**「先生が一番自分達をわかってくれるし、授業も楽しい。先生がいるから学校に来れるんだ」**と言ってくれたそうです。

まだ、全国的に浸透するまでには時間がかかるかもしれませんが、このように確実に教育現場に真我を広める動きがどんどん拡大しています。

このように、いまは経営・医療・教育の分野で、それぞれ点と点の動きのように見えますが、私は、そう遠くない将来、これがすべてつながり、真我は日本の、いや世界の常識になっていくと考えています。

そう考える理由は大きく2つです。

①今回のコロナ危機によって、対症療法の限界が見えてきたこと。特に心の問題は限界値まで来ています。世界保健機関（ＷＨＯ）は、世界のうつ病患者は3億人前後、統合失調症患者は２３００万人、双極性障害は６０００万人程度と推計しています（２０１８年度統計）。

また、ハーバード大学医学部を中心とした研究グループが、精神疾患が世界各国で増加しており、対策が講じられなければ２０３０年までに世界経済に最大16兆ドルの損失が生じるとのレポートが発表されました。**もはやこれを解決できるのは真我しかありません。なぜなら、真我開発メソッドによるうつや精神疾患の寛解率は、90％を超えるからです（ＹＳこころのクリニック実績）。**

②一方で、禅や瞑想など考え方が世界、特に欧米企業のリーダーを中心に浸透しつつあること。これがさらに進んでいけば、いずれはその目的である「悟り」が普及していくのは、不思議ではないと考えています。ただ、現在はその悟りの意義や方法が誤解されているか、一般の多くの人に伝わっていないという状況です。

そして、真我という概念が、おそらく21世紀のキーワードとなると強く思うようになったのは、２０１９年11月に出版された一冊の本がきっかけです。

それは、**「21Lessons：21世紀の人類のための21の思考」**（ユヴァル・ノア・ハラリ著／柴田裕之翻訳／ダイヤモンド社２０１９年11月30日発行）です。

『サピエンス全史』『ホモ・デウス』と言う世界的なベストセラーを書いたイスラエルの歴史学者・哲学者ユヴァル・ノア・ハラリ氏の本です。ＡＩを中心とするテクノロジーや政治をめぐる難題から、この世界における真実、そして人生の意味まで、われわれが直面している「21の重要テーマ」を取り上げ、正解の見えないいまの時代に「人はどのように思考し行動すべきか」を問うた大作です。

ハラリ氏の本は、世界累計でおよそ２０００万部読まれているそうですが、その著者が提唱する「21の重要テーマ」の結論は何か？

「瞑想」の実践です。なぜ瞑想なのか？　以下のポイントをまとめてみました。

・これからは良くも悪くも、私達の仕事や生活の中にＡＩが浸透していく。
・近い将来、ＡＩチップが自分の体に埋め込まれると、ＡＩに自分の感情や思考をすべて握られる可能性がある。

・ＡＩに自分の感情を操作されないようにするには、自分で自分の心や感情を理解する必要がある。
・なぜなら、心というのは現状ではどんなテクノロジーを駆使しても計測できない、自分で観察するしか方法がない。

ということです。だから自分の感情や心を理解するには、「瞑想」が必要と提言しているのです。

そして、「自分の心」については、このようなことも言っています。

「これまであれほど多くの本を読み、大学であれほど多くの講座に出席してきたにも関わらず、自分の心については無知に等しく、心を制御するのが不可能だということだった」（４０１ページより）

現代の「知の巨人」とも言われる歴史学者でさえ、自分の心については「無知に等しい」と素直に認めているというのは、とても感銘を受けました。

ハラリ氏の未来予測については賛否があるでしょうし、本当に現実化するのかわかりませんが、今回のコロナ危機を機に、今後ますます「瞑想」を求める人が世界的に増えてくることでしょう。

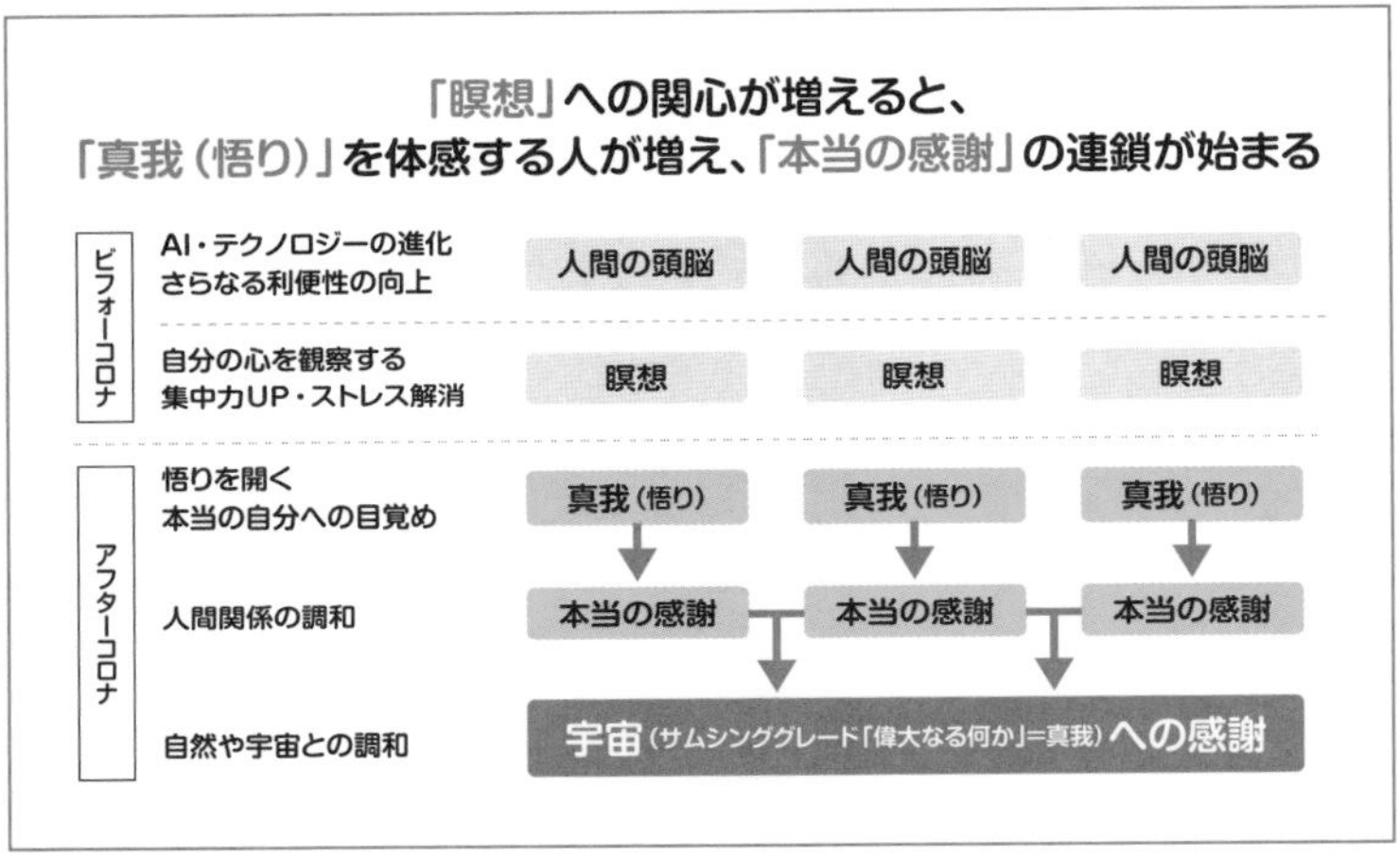

また一方で、こうも述べています。

「瞑想が世界のあらゆる問題の魔法の解決策になるなどとは、私は断じて思っていない。世の中を変えるためには行動を起こす必要があり、こちらの方がなおさら重要なのだが、団結する必要がある。」（403ページより）

私も瞑想はとても素晴らしい方法だと思いますが、瞑想だけでは、あくまで個人レベルの心の観察や集中力アップ・ストレス解消で終わってしまいます（ここでいう瞑想は、あくまでマインドフルネスなど一般的に普及している方法を想定しています）。

ただ、世界中で瞑想に興味を持つ人が増えることで、その結果として「本当の自分（真我）＝悟り」を体感する人も増え、それぞれが本当の感謝として伝えていくことができれば、それは、まさに「世の中の意識レベルを根本的に変える行動」になると考えています。

そのためには、まず真我を一人一人が体感・体得することが第一ですが、その後はそれをあなたの大切な人や家族など、周囲の人々に伝えていくということがとても重要になってきます。

佐藤先生はこれを**「真我の拡散」**と呼んでいます。

ただし、これは他の人に真我を勧めるということではありません。では何をすれば良いのか？

真我を少しでも体感したら、そこから自然に生まれる本当の感謝で生活し、それをただひたすら日常や職場の中で実践して、ご自身が輝いていけば良いのです。

すると、例えば「最近、旦那（妻）がとても優しくなった」とか「○○部長が話を聞いてくれるようになった」というように、自然と周囲の人があなたの変化に気づき、興味を持ち、味方となり、自ら真我を知り、目覚めていくというイメージです。

世界全体からみれば、まだ部分的な点と点の動きですが、稲盛さんをはじめとする世界的な経営者やハラリ氏などの世界的な学者の言動の一連の流れ、最近の佐藤先生の活動や広がりを見てくると、21世紀、近い将来に間違いなく「真我（本当の自分）」という概念が世界の常識になっていくと考えるわけです。

真我の世界とは、自然や宇宙との大調和の世界です。実は今から約1万5000年以上も前に、すでにそのような世界が実現していた時代があります。

日本の縄文時代です。

縄文時代というと、竪穴式住居や独特な縄文土器・土偶などのイメージが強いと思いますが、およそ1万年以上もの間、自然と共生しながら文明社会を築き、日本の精神的文化の原点になった時代とも言われています。

その根底にあるのは、自然の生きとし生けるものへの感謝、物より心を重視する気持ち、人間は自然の中で生かされているという世界観です。

それゆえ、縄文時代には一度も戦争が起こらなかったという仮説は信憑性を帯びており、実際、縄文時代の遺跡からは対人向けの武器や防具と思われるものが一切見つかっていないそうです。

そう考えると、先ほどお伝えした本当の感謝の連鎖が、自然や宇宙との調和につながり、結果的に人類や地球の長期的な平和と繁栄につながる新しい世界を創造していくということは、決して夢物語や理想論ではないということです。

我々人間は、何か問題や病気・事故・トラブルが起こると、その原因と解決策を外側に求めてしまいがちです。しかし、すべては内側、つまり自分の心の中にあるのです。それが、**「人は心が10割」の本当の意味**です。

世界の多くの人がそのことに心の底から気づき始めたとき、貧困、差別、環境問題、戦争、病気や自殺などのあらゆる問題が一気に解決していくのだと、私は考えています。

今回の世界的なコロナ危機は、我々にそうしたメッセージを与えてくれているような気がしてなりません。

おわりに

おそらく10年以上前であれば、「真我」とか「感謝」というテーマの本を出しても、ほとんど注目されなかったかもしれません。特にビジネスの世界ではそうです。

私も平成バブルの時代から30年以上ビジネスをやってきましたが、常に話題の中心は戦略・ノウハウ・テクニック系の話でした。簡単に言えば、どうやって稼ぐか、どうすれば成功するか、です。私もこれまでそういった本を1000冊以上は読んだと思います。

しかし、リーマンショックや東日本大震災のあとくらいからでしょうか、徐々に「心」や「運」とか、目に見えないテーマに関する本が増え、今回の世界的なコロナショックで、その傾向はさらに強まっているようにも思います。

それは、**「人間はいつ死ぬかわからない。そして、いつかは必ずこの世を去る」**という絶対的真理に、意識的か無意識的かは別として、私達が、改めて気づき始めたからではないかと考えています。

「あなたは人生の最後を迎えるとき、なんと言ってこの世を去りたいか?」という問いに、「私の人生悔いなし。本当に素晴らしい人生だった。みんなありがとう!」と答えることが、最高の答えではないでしょうか。

佐藤先生は言います。「それを人生の最後ではなくて、今日から毎日の仕事や生活の中で体感しながら一生過ごせたら、最高じゃありませんか？」と。

おそらく、１００人中１００人が「ＹＥＳ」と答えます。

でも「一体どうやって？」という疑問が湧くのが普通だと思います。その答えが本書でお伝えしてきた「真我（本当の自分）」であり、本当の感謝を体感することにほかなりません。

普段「日々楽しく生きていけばいいんだ」と考えている人も、病気になったり、大切な人をなくしたり、大きな事故に遭うと、人生観が変わるとよく言われます。

私も、そんな刹那的な生き方が自分流だと思っていましたが、突然の父の死、勤めていた会社の倒産、うつの発症によって、真我を知り**「人生で本当に大切なもの」**を求めるようになりました。

誤解を恐れずに言えば、真我との出会いは、それくらい人生にとって大きな意味と気づきをもたらしてくれます。

本書が読者の皆さんの真我（本当の自分）に出会うきっかけになれば、本当にこの上ない喜びと幸せです。

最後になりますが、今回このような本を出すことができたのは、「真我開発の父」佐藤康行先生の監修がなければありえない話でした。そして、本監修にご協力いただきました、アイジーエー出版の中里昌克さんをはじめ、貴重な体験談をご提供下さった方々、心の学校グループの関係者の皆様に対して、この場を借りて、改めて心より感謝申し上げます。

また、出版という私にとって新たな分野の扉を開けてくれたのは、ネクストサービス出版スクールの松尾昭仁さん、大沢治子さん、また同スクールのOB・OG、同期の皆さん、本書の企画サポート・編集を担当いただいた自由国民社の三田智朗さんのおかげです。本当にありがとうございました。

ほかにも、陰ながら私の執筆を支えてくれた妻や母・家族、諸先輩方や友人、そして、何よりこの私を真我に導いてくれた亡き父と山田家の先祖に心からの感謝を捧げます。

2020年7月　地元松戸の大衆居酒屋にて

山田俊明

【感謝】

感謝とはそのままをそのままとして認める心である
感謝をすると宇宙の力が働く
感謝とは真実を真実と認める心である
親に感謝せよとは親子の関係は宇宙の真理が作った人間関係の真実であるからだ
人に感謝するとは何かをしてくれるから感謝をするのではない
そのまま、ありのままに感謝することだ
健康や病気に感謝するのではない
健康と病気の奥にある真我に感謝するのだ
人にしてもらって感謝
人にさせてもらって感謝
すべてに感謝
本当の感謝には二通りある
人間関係の感謝と、宇宙の法則への感謝
感謝をすると宇宙エネルギーが充満する

本当の感謝をすると神と一体になる
真実に感謝
真理に感謝

人間として生まれたこと
日本人で生まれたこと
地球人で生まれたこと
宇宙人で生まれたことに感謝
私は私のままでありがとう
あなたはあなたのままでありがとう
出来事は出来事でありがとう
宇宙は宇宙のままでありがとう
私の過去にありがとう
今のままでありがとう
これからくる未来にありがとう
厳しい人よありがとう
私に試練をくれた人よありがとう

愛の人よありがとう
すべての人よありがとう
私を含めたすべての宇宙の真理よ
ただ、ただ、ありがとう
感謝

佐藤康行

【主要参考文献】

『満月の法則』（佐藤康行著／サンマーク出版）
『真我54巻 真我で生まれ変わった実体験者（前編）』（佐藤康行著／アイジーエー出版）
『奇跡を呼び込む「わがままスッキリノート」』（佐藤康行著／たま出版）
『うつ病は90日で90％が治る 真我「心の再生」医療』（佐藤康行著・竹本和成監修／ゴマブックス）
『心。』（稲盛和夫著／サンマーク出版）
『生き方』（稲盛和夫著／サンマーク出版）
『「書く」習慣で脳は本気になる』（茂木健一郎著／廣済堂新書）
『運気を磨く 心を浄化する「3つの技法」』（田坂広志著／光文社文庫）
『科学がつきとめた「運のいい人」』（中野信子著／サンマーク文庫）
『21 Lessons：21世紀の人類のための21の思考』（ユヴァル・ノア・ハラリ著／柴田裕之翻訳／ダイヤモンド社）
『新経営学読本』（福島正伸著／きんざい）
『最強免疫力の愛情ホルモン「オキシトシン」は自分で増やせる！』（高橋徳・保江邦夫著／明窓出版）
『投資家が「お金」よりも大切にしていること』（藤野英人著／星海社新書）
『論語』（斎藤孝訳／ちくま文庫）
『非営利組織の経営』（ピーター・ドラッガー著／上田惇生訳／ダイヤモンド社）
『「悟り」はあなたの脳をどのように変えるのか─脳科学で「悟り」を解明する！』（アンドリュー・ニューバーグ、マーク・ウォルドマン、エリコ・ロウ著／ナチュラルスピリット社）
『縄文文化が日本の未来を拓く』（小林達雄著／徳間書店）

資料ダウンロード・お問い合わせ・最新情報

人生を変える「本当の感謝」公式サイト

1 https://peraichi.com/landing_pages/view/shinga

※第2章の各ワークシート（PDF）は下記のページよりダウンロードできます。

2 https://peraichi.com/landing_pages/view/pdf-worksheet

※「成功と幸福を呼ぶ言葉」音声ファイルダウンロード

https://www.axbee.com/sia/step5

経営者・起業家・人事研修担当の方

一般社団法人 SIA 心のゼロ経営プロジェクト

公式サイト：3 http://www.sia-business.co.jp

Eメール：support@axbee.com

TEL：03-4570-0784（平日9：00～18：00）

真我開発講座に関するお問い合わせ

心の学校アイジーエー

公式サイト：http://www.shinga.com

Eメール：info@shinga.com

TEL：03-5962-3541（平日10：00～18：00）

1 2 3

著者：山田 俊明（やまだ としあき）

一般社団法人SIA 心のゼロ経営プロジェクト代表理事
アクスビー株式会社代表取締役

「これからの経営や起業は時代に左右されるノウハウよりも人間関係の構築が最重要」との信念のもと、「真我（本当の自分）」をベースとした企業経営をサポートする専門コンサルタント。1968年、東京都世田谷区生まれ。1990年、明治大学 経営学部を卒業後、野村證券株式会社に入社。その後、IRコンサルティング会社や外資系メーカー等を経て、ITベンチャー企業の設立に参画。数年後、同社が事業から撤退・倒産、実質的にリストラとなった39歳のとき、将来不安やプライベートの問題からうつ病になり、精神科では改善できなかったが、心の学校グループ創始者 佐藤康行氏の元で「真我」を知り、実践することでうつが寛解（かんかい）する。2008年、40歳で起業し、アクスビー株式会社を設立、代表取締役に就任。自分の人生を大きく好転させた「真我」を自社の経営や営業で実践したことで、社員ゼロで起業10年目にして、契約クライアント企業数は約100社にのぼる。うち7割は上場企業である。令和元年より、SIA（＝Shinga de Issyo Antai）というコンセプトのオンライン経営支援サービスを立ち上げ、翌年、一般社団法人SIA心のゼロ経営プロジェクトを発足。真我を企業経営に普及させていくべく活動に取り組んでいる。趣味は、東京下町の老舗居酒屋巡りとエアピアノ。

監修：佐藤 康行（さとう やすゆき）

心の学校グループ創始者

1951年、北海道美唄市生まれ。心の学校グループ創始者。15歳で単身上京、飲食店経営者になる夢を抱き、皿洗いからセールスマンに転身、教材のセールスでは世界トップの実績を持つ。1980年、「ステーキのくいしんぼ」を創業。「世界初の立ち食いステーキ」を考案し、8年で年商50億円（70店舗）を達成。その後経営権を譲渡、これまでの経験をベースに心の専門家として1991年に「心の学校」を創立、約30年にわたり「本当の自分＝真我」に目覚めることを伝え続けてきた。2014年、東京八重洲に心療内科・精神科の「YSこころのクリニック」を開院、うつ病治療では薬を使わず、90日以内の寛解率が90％以上という医療の常識をくつがえす成果を上げている。研修指導の主要実績は、ANA、明治安田生命、高校野球優勝校、プロボクシングチャンピオン、力士など幅広く、これまでグループ全体で43万人以上の人生を劇的に好転させてきた実績がある。国会議員や上場企業の経営者などからの信頼も厚く、政財界に大きな影響を与えてきた。主な著書に『満月の法則』（サンマーク出版）、『仕事で心が折れそうになったら読む本』（PHP研究所）、『過去は自由に変えられる』（産経新聞出版）、『お金の不安が消える本』（KADOKAWA）、『ダイヤモンド・セルフ』（アイジーエー出版）、『真我』100巻 大全集（アイジーエー出版）などがある。著書は300冊以上（電子書籍含む）。

SHINGA

人生を変える「本当の感謝」

心の奥底にある本当の自分を引き出す方法

2020年10月30日　初版第1刷発行
2020年12月9日　　　第2刷発行

著者　山田 俊明
監修　佐藤 康行
発行者　伊藤 滋
編集　三田 智朗
企画協力　松尾 昭仁（ネクストサービス株式会社）
編集協力　板倉 義和
装丁・DTP　テラカワ アキヒロ（Design Office TERRA）
発行所　株式会社 自由国民社
〒171-0033 東京都豊島区高田3-10-11
営業部／TEL：03-6233-0781
編集部／TEL：03-6233-0786
印刷所　大日本印刷株式会社
製本所　新風製本株式会社

©2020 Printed in Japan　ISBN 978-4-426-12659-9